頭のいい投資のコツが
2時間でわかる！

はじめての新NISA 見るだけノート

監修
横山光昭
Mitsuaki Yokoyama

宝島社

頭のいい投資のコツが2時間でわかる!

はじめての新NISA 見るだけノート

監修 | 横山光昭 | Mitsuaki Yokoyama

宝島社

はじめに

新NISAの疑問が 2時間で全部わかる！

本書を手に取っていただき、誠にありがとうございます。監修の横山光昭です。さて、突然ですが、あなたは以下のような悩みを抱えていないでしょうか？

- 老後2000万円問題の話をよく聞くが、そんなにお金を貯められる自信がない
- 給料が上がらない一方で、物価が高騰していて生活が苦しい
- 一生懸命貯金をしているのに、お金が増えている実感がない

上記に挙げた悩みだけでなく、多くの人がお金についてさまざまな悩みや問題を抱えています。しかし、これらの悩みや問題の解決に大きな手助けをしてくれる制度が2024年１月から始まります。それが今回の書籍でご紹介する「新NISA」です。

私はこれまで家計再生コンサルタントとして、２万6000件以上のお金に関する悩みにお応えしてきました。そして、その中では現行NISA制度での投資についても多くご相談を受けてきました。

以下は、私のアドバイスをもとに現行NISAで投資を実践した人の実績の一例です。

- ４年間で166万円投資した結果、資産合計が219万円に
- 月々3000円から投資を始め、８年で1000万円の資産に

もちろん、月々の積み立て額や投資した銘柄、時期によっても運用成績は異なりますが、なぜ、こんなにも資産を増やすことができるのでしょうか？　詳しくは本書で説明しますが、長期投資による「複利」の効果が資産を雪だるま式に増加させるのです。

貯金をしていてもお金が増えない時代に、現行NISA制度も私たちの投資を強力にサポートしてくれる素晴らしい制度だったのですが、新NISAは現行NISAが抱えていた問題を解決・緩和した「神制度」といってもいいくらいに思っています。

そうはいっても以下のような疑問や不安を抱えている人も多いことでしょう。

- 知識がなくて自分に投資ができるかどうか不安
- 投資って聞くと危険なイメージがある
- 投資に回せるお金の余裕がない

でも、安心してください。本書はそんなお悩みに丁寧にお答えしています。投資1年生でも新NISAをすぐに実践できるようにイラストでわかりやすく解説しました。本書を読めば、現時点で新NISAの知識がなくても、少額からでも、新NISAの恩恵を存分に受けられるようになることでしょう。

本書は次のような構成になっています。

Chapter 1は、なぜこれからの時代は貯蓄ではなく投資をすべきなのか、新NISAを始めるメリットを解説しました。Chapter 2は、現行NISAと新NISAの違いを比較しながら新NISAがなぜ神制度といってもいい制度なのか理由を紹介しています。Chapter 3は、新NISAの具体的な始め方をわかりやすく説明しています。Chapter 4は、新NISAではどのような戦略をとるべきか、私の考えを述べています。Chapter 5は、新NISAの成長投資枠でのおすすめの投資方法を提案しています。Chapter 6は、投資初心者が疑問に思うポイントをQ&A形式でまとめました。

本書を読めば、誰でもカンタンに、安全に、資産を増やすことができると自負しています。本書を通じて、皆さんが少しでもお金の悩みから解放されることを切に願っています。

横山光昭

※本書は2023年12月発売のため、2023年年末までのNISAを「現行NISA」と表記しています。

頭のいい投資のコツが2時間でわかる！

はじめての新NISA見るだけノート

- contents -

Chapter 3
新NISAを始めよう

Chapter 4
投資1年生のための新NISA戦略

Chapter 5
成長投資枠の活用で攻めの投資をしよう

Chapter 6
新NISAの悩みQ&A

新
NISA

Chapter 1

お金に働いてもらう時代の到来

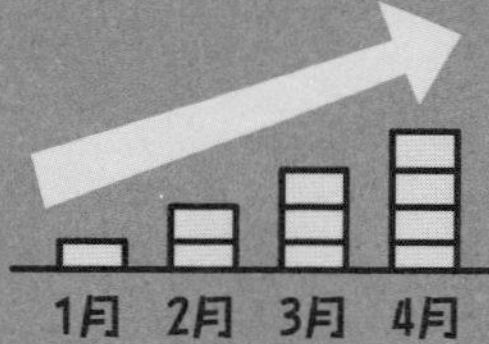

今の時代は貯金をしてもお金が増えません。
だからこそ、投資をするべきです。
お金の不安から解消される第一歩を踏み出しましょう。

01 これからの時代は預貯金だけだと不十分！

気がつけば日本人全員が下りのエスカレーターに乗っている時代。預貯金だけに頼れなくなった今、私たちはどうするべきなのでしょうか？

日本人は、海外の人たちに比べて「投資」への関心がかなり薄いといわれています。お金をたくさん稼ぐのは「悪」であるとか、「卑しい」ことであるという考えを持っている日本人が大勢いるのは事実です。ところが、日本人がそんな綺麗事をいっていられる時代はもう終わるかもしれません。なぜなら、この先の日本は、投資をしないでいたら資産は目減りしていく一方だからです。かつては、銀行にお金を預けているだけでお金が増えていく時代がありました。ところが、今はそうではありません。

今の時代は全員が下りのエスカレーターに乗っている状態！

現在の大手銀行の定期預金金利はおよそ0.002%ですから、あなたの預金が倍になるまでに３万6000年もかかる計算になります。また、現在の日本は**インフレ**と円安というリスクにさらされています。物の値段が上がっていくインフレと、円の価値が下がっていく円安。このダブルパンチで私たちの持っているお金の価値が、何もしないでいたら下がっていってしまうのです。預貯金だけでは全く頼りにならなくなった今、私たちは本格的に投資の勉強を始めなくてはならない時が来たといえるでしょう。

預貯金だけでは資産防衛も資産形成も不可能

預貯金の金利ではお金が増えない

現在の定期預金金利はメガバンクで年0.002%。あなたの資産が2倍に増えるのに3万6000年もかかる計算です

円安とインフレというリスク

物価が上がるインフレと、日本円の価値が相対的に下がる円安。この2つのリスクがある限り、ただ何もしないでいるとお金の価値が減っていくかもしれません

お金を増やすための3つの方法とは?

入ってくるお金（収入）を増やす

ずっと賃上げ
されないんじゃ
難しいな……

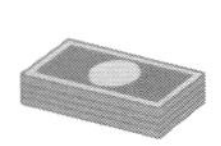

これまで長年、日本の賃金は上がってこなかったため、ただ会社で働いているだけで収入を増やすのは難しい時代になっているといえます

出て行くお金（支出）を減らす

そもそも収入が少ない人が支出を減らしてしまうと、クオリティ・オブ・ライフ（生活の質）が著しく低下してしまいます

投資でお金を増やす

お金を使って
お金を増やす
投資……。
これしかない
かも!

収入を増やすのも、支出を減らすのも難しい以上、これからの時代は投資の知識を身につけて資産を増やす方法を国民全員が勉強するべきです

時代は貯蓄から投資へ

預金金利がきわめて低く、収入を増やすのが難しい時代にお金を増やすには、貯蓄から投資へ意識をシフトさせる必要があります。

この先の人生、貯蓄だけでは心許なくなってきました。預金金利の低さ、インフレ、円安、賃金の安さ以外に、私たちの「長寿」もそれに拍車をかけています。**人生100年時代**といわれるように、私たちの寿命はどんどん延びており、それに比例して社会保障費も増大していっています。お金がなくなっても国が何とかしてくれるという希望的観測はもう捨てた方がいいでしょう。現に、2019年には金融庁のワーキンググループのある報告書が注目され、大きな話題を呼びました。

人生100年時代には年金以外に1人あたり2000万円が必要？

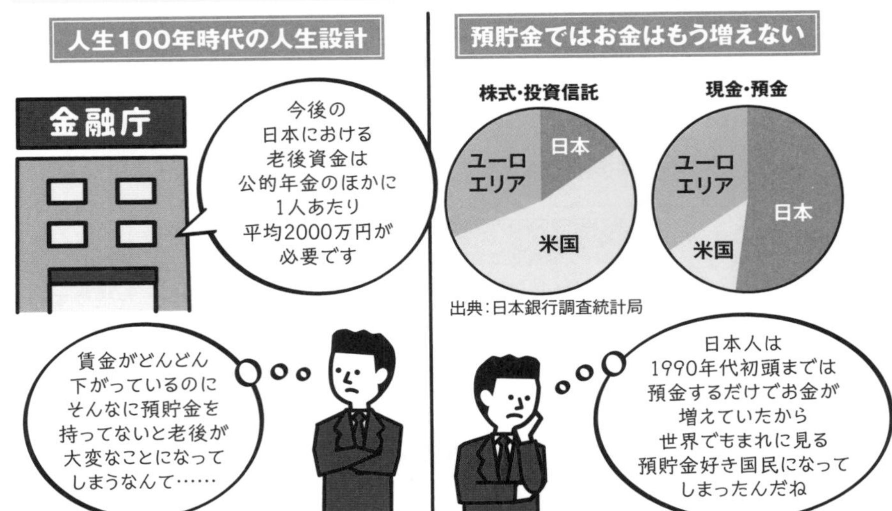

利息が8%もついた時代には、月に2万円ずつ預金すれば25年間で約1900万円にまで膨れ上がっていましたが、現在の日本における大手銀行の普通預金の金利は0.002%。お金を銀行に預けているだけでは、お金は増えないということに気づくべきです

報告書には、「老後資金は公的年金のほかに１人当たり平均2000万円が必要である」という内容があったのです。また、超長寿社会においてはこれまでのライフプランが通用しなくなることが示唆され、現役世代の国民１人１人が「長期・分散・積み立て」による資産形成を検討することが重要であるとも述べられていたのです。つまり、すでに国は「預金以外の投資によって自己資産を増やして老後に備えることが必要だ」という認識を持っているのです。

質の良い投資信託に投資することは金の卵を育てること！

月々、「楽天VT」を3万円積み立てると

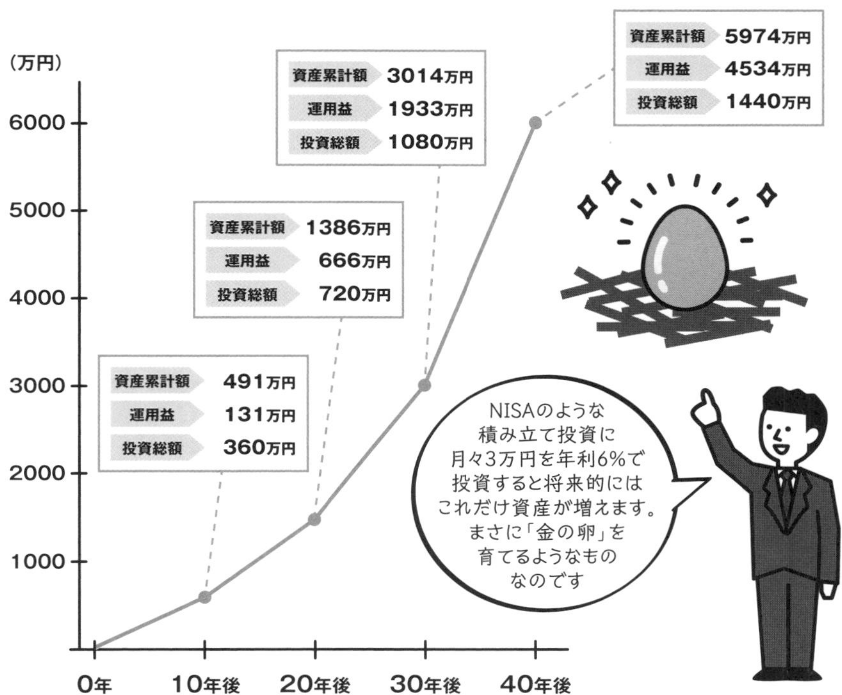

月々3万円といわず、後述するように月々3000円からでもいいので、無理のない範囲で自分のお金を早めに投資に回しておくことで、人生100年時代を乗り越えられる資金を誰でも手に入れられるようになるのです。ぜひ、今こそ貯蓄から投資に目を転じるべきです！

新NISAは何のために作られた？

新NISA制度のほか、認定アドバイザーのような、国民が投資で失敗せず堅実に資産を増やせるようなサポートもこの先検討されています。

貯金だけでは不十分、給料もなかなか上がらず、インフレや円安といったリスクも存在しているこれからの時代は、お金の問題を私たちが自らの手で解決しなければなりません。それでは、どう解決するのか。国は、その点についてちゃんと考えてくれています。それが2024年から始まる「新NISA制度」です。また、国は国民がなるべく投資に失敗せずに、堅実に資産を増やすことができるよう「**認定アドバイザー**」をリスト化・公表する方針を示しています。

新NISAとともに導入される「認定アドバイザー」とは？

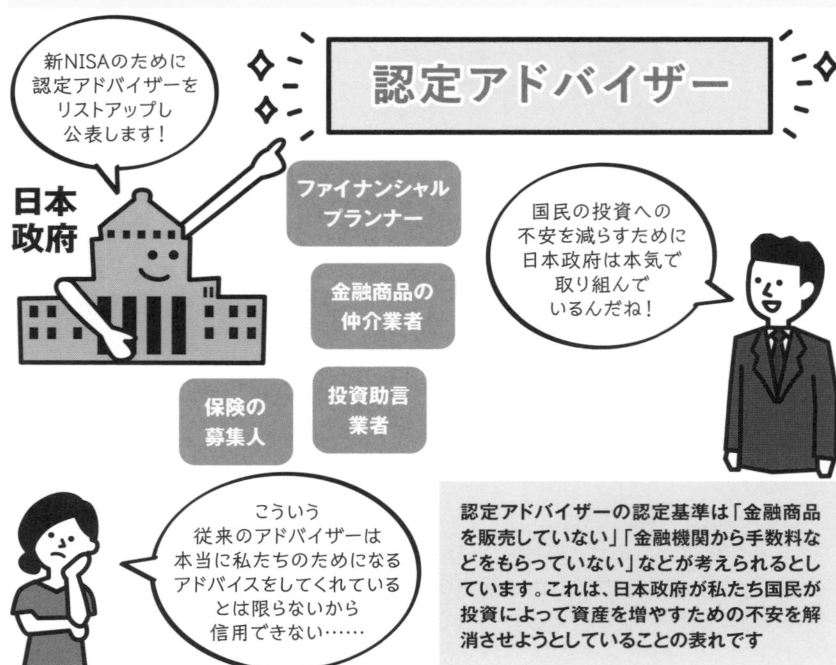

認定アドバイザーの認定基準は「金融商品を販売していない」「金融機関から手数料などをもらっていない」などが考えられるとしています。これは、日本政府が私たち国民が投資によって資産を増やすための不安を解消させようとしていることの表れです

証券会社など金融商品を販売している企業や組織と利害関係を持っていない、公平中立な立場から国民に投資についてアドバイスができるアドバイザーを認定していこうという計画が動いているのです。国は、本気で私たちに「投資でお金を増やして老後を乗り切ってほしい」と期待しているのです。私たち国民もうかうかしてはいられません。新NISA制度をフルに活用して、資産形成を目指しましょう。

国民が自らお金の問題を解決しなければならない時代

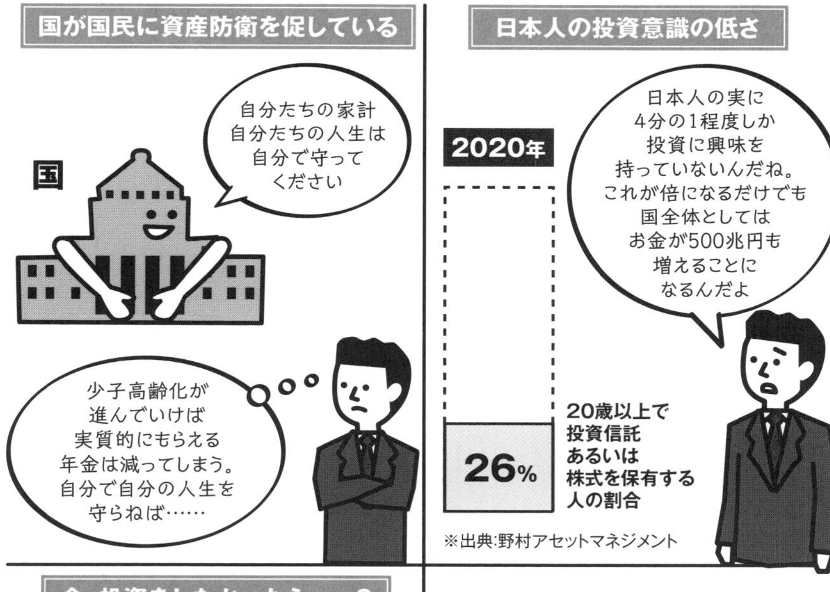

今、投資をしなかったら……？

将来

お金が大変で
困っているん
です……

なんで自分で
準備してこなかったんですか！

2024年に新NISAで投資を始めた場合、数十年後にはそうしなかった人との間に数千万円もの資産の差が生まれる可能性があります。国がこれほどまでに本気を見せてくれているのですから、将来お金に困ることがないように自分で投資を含め準備していきましょう

まずは3000円から始めてみよう

投資に苦手意識を持つ人には、月々3000円の投資がおすすめです。その額ならカンタン、安全に投資を楽しみながら学ぶことができます。

これからの日本人は投資をしなければならないといわれても、多くの人が投資未経験者ではないかと思います。投資で失敗したらどうしようという不安や恐怖が先立ってしまい、なかなか手を出せない人もいるかもしれません。そこで、私がおすすめしているのが「月々3000円ずつの投資」です。なぜ、3000円なのか？　それは、私の経験から考えた、あまり怖さを感じず投資を始められるちょうどいい金額だからです。月々1000円だと資金が少なくてあまりにも得られる利益が小さすぎます。

新NISAの投資はカンタン・安全！

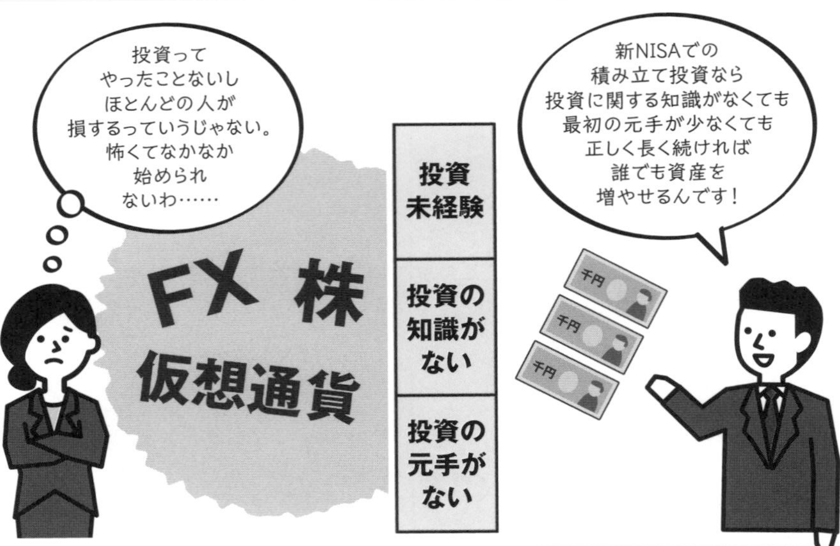

FXトレードなどでは、投資をした人の実に8割以上が損をしているといいます。しかし、新NISAでの積み立て投資なら、誰でもカンタンに、安全に、確実にお金を増やすことができるのです

また、月々１万円だとたいていの投資初心者にとっては「多すぎる」と感じることでしょう。ですから、まずは心理的ハードルの低い月々3000円だけ投資に使うことで、投資の楽しさを知ることが大事なのです。そして、投資に慣れてきて、本当にお金が着実に増えていくということがわかってきたら、頃合いを見て月々１万、３万……と資金を増やせばいいのです。2024年に新NISAの口座を開いたら、まずは月々3000円の投資を始めてみましょう。新NISAでの積み立て投資なら、**カンタン**でリスクを抑えながら、誰でも**安全**に資産を増やすことができます。

新NISAを始めたいけど、どうしても怖いという人は、まずは月3000円から始めてみましょう。月1万円も投資に回すのは不安だけど、月1000円だとお金が増えるスピードが遅いので、投資の面白さを味わえない。そんなデメリットを解決するのが「月3000円投資」なのです

新NISAでの3000円投資はどんな人に向いている?

月々3000円投資は、「自分は投資には向いていない」と思っている初心者ほどおすすめです。意外にもそういう人の方が向いているからです。

これまで投資から距離を置いていたという人には、いくつかの特徴があります。忙しすぎて投資の勉強なんてできなかったという人、面倒くさがりで煩雑な手続きが苦手な人、投資に関する知識がなさすぎて怖じ気(おけ)づいている人、決断力に自信がなくて物事を即決できない人、性格的にギャンブルのようなことはできないという人、などなど。ところが、今挙げた**初心者**こそ月々3000円投資にかなり向いている人たちなのです。その理由を説明します。

月々3000円投資が向いているのはこんな人

月々3000円投資の場合、そのお金は新NISAの口座で長期間にわたる「積み立て投資」に使っていただくことになります。ですから、短期的な売買を繰り返すわけではなく、リスクをとるわけでもないので投機とは違いますし、判断力も決断力も必要ありません。1つの商品で投資先を分散した、リスクを抑えた投資ができ、かつ、運用のプロが運用してくれる投資信託（ファンド）を買うので、専門的な知識もいりません。ですから、投資に興味はあるけれど、一歩を踏み出せないという人に向いているのです。

新NISAはお金に働いてもらう最高のツール

「複利」のパワーを知りましょう。投資は長く続ければ続けるほど、お金が自ら働いてお金を増やしてくれるのです。

P20・21でも触れましたが、月々3000円の投資はあくまでも「お試し」です。あなたの資産をしっかりと形成するためには月々3000円ではもちろん足りません。しかし、堅実な資産形成をするには、まずは投資に慣れる必要があります。月々3000円投資は、そのための「慣らし」のようなもの。投資に慣れてきたら積み立ての額を上げていきましょう。ただし、月々3000円で続けていたとしても、長く続けていれば、そのうちあなたの資産は大きく育っていくことになります。

月々3000円の投資はあくまでも「お試し」

3000円投資を始めたばかりの人は、元手が少ないために最初のうちはなかなか利益が出ず、買った商品の値動きによって、元本がマイナスになることもあるため、「本当にこれで正しいのだろうか？」と不安になる時もあるかもしれません。しかし、そこでやめてはいけません

その理由は、「**複利**」です。投資の世界では、投資したお金を「元本」といい、この元本に対して毎年どれだけの利益が得られるかを示すのが「利回り」です。そして、得られた利益を元本に「再投資」し、利益が利益を生み、まるで雪だるまが坂道を転がっていくように、元本が大きくなっていく。これが「複利」です。そして、お金に働いてもらってお金を増やす長期投資にはもってこいの制度が恒久化した新NISAです。

「複利」を利用して、あなたの資産を膨らませよう！

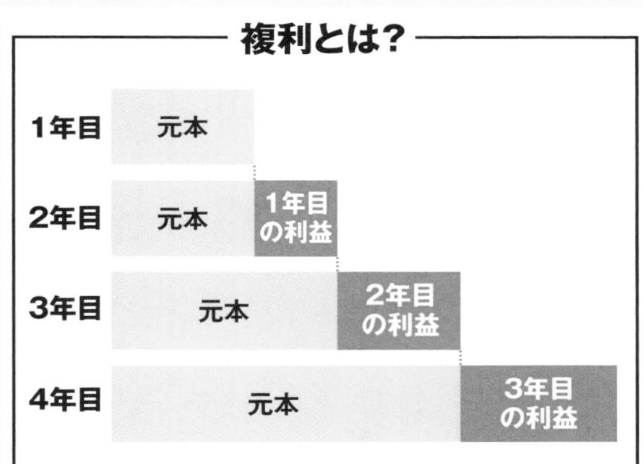

できるだけ長い期間にわたって投資を続けることで複利を利用してあなたの資産をどんどん増やしていくことができるのです！

複利とは、投資によって得られた利益を「元本に組み入れる」ことによって、元本を大きくすること。複利を利用するためには、はじめのうちはなかなか利益が上がらなくても積み立て投資を続ける必要があります

投資とは
お金に働いてもらい
時間を味方につけて
お金にお金を増やして
もらうこと！

投資を始めると「貯金体質」「お金持ち体質」になる

投資と貯金は矛盾しているように感じるかもしれませんが、不思議なことに、多くの人は投資を始めた後の方が貯金体質になっていきます。

私がかねてから提唱し続けている「月々3000円投資生活」を始めて人生が変わったという人を、私はたくさん知っています。たくさんの人が、「とてもシンプルでわかりやすかった」「着実にお金が増えていくのが嬉(うれ)しい」「もっと早くから始めておけばよかった」とおっしゃっています。幸いなことに、「投資なんてしなければよかった」という感想はいただいたことがありません。そして、多くの人が投資を始めたことで「**貯金体質**」になったとおっしゃっているのです。

3000円投資であなたの人生が変わり始める！

投資をすることで「貯金体質」になると聞くと、「矛盾している」と感じるかもしれません。月々3000円投資生活を始めると、お金が少しずつでも増えていくのが目に見えてわかるようになります。すると、もっと投資に資金を回したいと思うようになり、投資に資金を回すために「貯金」しようという意識が芽生えるようになります。これが、投資をすると「貯金体質」になる理由です。また、投資を始めるとお金の知識が身につき、「お金持ち体質」にもなっていくのです。投資はメリットだらけなのです。

投資を始めると「貯金体質」で「お金持ち体質」になれる！

投資が貯金体質を強化するワケ

投資をしていない時

投資をせずに貯金だけをしている人は、生活の苦しさ・将来の不透明さゆえにモチベーションが低下しやすくなります

投資を始めた後

このように投資を始めると逆説的に「貯金体質」になるのです。資産が増えているという実感があれば、浮いたお金を投資に回したくなるからです

投資を始めるとそれまで興味のなかったことに興味が湧く

こんなこと
興味を持ったこと
なかったけど
投資を始めてから
調べるのが
楽しくなったわ！

日経平均株価　**NASDAQ**（ナスダック）　**世界経済の動向**

Column

01

過去20年積み立てをしていたらどうなっていたのか？

数年前、暗号資産による利益で「億り人」になった人の華やかな話を耳にすることが多くありました。そのせいで、日本人には、「投資」と聞くと元本を何十倍にもするような非現実的なイメージを持っている人が多くいます。

その影響もあってか、「積み立て投資」と聞くと、億り人に比べてなんだか大したことなさそうだな……と興味を引かれない人もいるでしょう。しかし、やはり積み立て投資が持っている複利の効果は絶大なのです。

積み立て投資のすごいところは、暗号資産で巨富を築いた人々のような決断力や幸運がなくても、どんな人でもお金を増やせるということなのです。

積み立て投資の複利効果がどれほどすごいか、あなたは知っていますか？　ここでは、過去数十年の期間にわたって、もし積み立て投資をしていたら、あなたのお金がどれだけ増えていたのかについて、数字で実感していただきたいと思います。

例えば、月々３万円ずつを積み立て投資に回して、年利６％で運用したとします。そうすると、20年後には投資額と利益の合計が約1386万円になります。このうち元本は720万円です。そのさらに５年後、つまり25年後には、投資額と利益の合計は約2079万円にも膨れ上がります。元本は900万円です。さらに投資を続けて30年後には約3014万円にもなりますから、

3000万円の大台に乗るのです。元本は1080万円。つまり、30年間積み立て投資をし続けたら、約2000万円もお金が増えていたのです。

月々３万円の積み立てを30年間続けるだけ、他に何もする必要はありません。それだけであなたのお金が2000万円も増える計算になります。

話はここで終わりません。先ほどのシミュレーションの30年後の元本を見てください。1080万円でした。ところが、2024年から始まる新NISAの積み立て投資に利用できる生涯投資枠は1800万円です。

ということは、1800万円の上限まで投資して30年間運用したらどうなるかも見ておきましょう。年利は先ほどと同じ６％とします。

まず、20年後には投資額と利益の合計が約2310万円、元本は1200万円になります。この時点で倍近くなっています。そして、25年後には投資額と利益の合計が3465万円、元本は1500万円です。さらに30年後には投資額と利益の合計が、何と約5023万円にまで膨れ上がります。元本はもちろん新NISAの上限1800万円です。その代わり、30年間で1800万円の積み立て投資を行う場合は、月々５万円の投資が必要になります。

いかがでしょうか？　これが複利の効果なのです。そして、このような結果が得られる確率はきわめて高いですし、あなたは適切な銘柄を選んで、積み立てて持っているだけでいいのです。積み立てのすごさがわかっていただけたのではないでしょうか？

Chapter 2

新NISAについて理解しよう

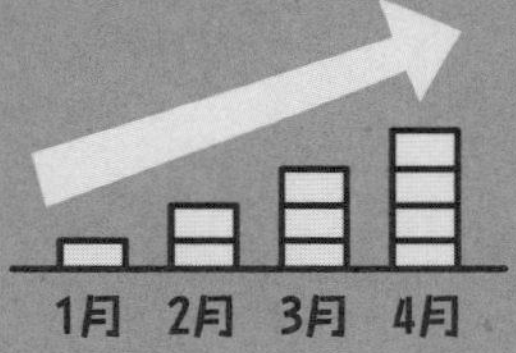

2024年から新NISAがスタート。
現行NISAとの違いとは一体なんでしょうか?
この章では新NISAの魅力について探ります。

そもそもNISAって一体何？

NISAとは、少額の投資なら本来は利益に対して約20％かかっていた税金を非課税にするという、国民にとってとても嬉しい制度です。

そもそもNISAという言葉はテレビや新聞、ネットニュースなどで聞いたことはあるけど、どんな制度なのかあまりよくわかっていないという人も多いのではないでしょうか。Chapter 2では、現行NISA制度と2024年からスタートする新NISA制度について比較しながら、ご説明したいと思います。NISAとは、イギリスのISA（Individual Savings Account＝個人用貯蓄口座）の日本版のことで、NはNipponから取られました。別の言い方では、「少額投資非課税制度」といいます。

NISAって何の略称？

N＝Nippon
I＝Individual
S＝Savings
A＝Account

日本版個人用貯蓄口座

要するに「少額の投資で儲かった利益については非課税にしますよ」という制度なのです。本来、わが国で株式やFXなどを売買して儲けた利益には、約20%の税金がかかっていました。しかし、この税金が投資に不慣れな日本人をさらに投資から遠ざける要因でもあったので、政府は少額の投資なら**非課税**にする制度として2014年１月に「NISA」および2018年１月に「つみたてNISA」を始めたのです。そして、2024年１月からはこの２つの制度のデメリットを解消し、より進化させた「新NISA」が始まることになったのです。

NISAの最大の特徴は「非課税制度」

現行NISAと新NISAの違いとは？

新NISAの最大の特色は、制度が恒久化され、非課税期間が無期限になることです。この制度を活用しない手はありません。

2024年 1月から始まる新NISAは、現行NISA制度と何が違うのでしょうか？　下の図をご覧ください。これまでは、NISA口座には「一般NISA」と「つみたてNISA」の2種類があり、どちらか1つしか使えませんでした。前者の年間投資枠は120万円まで、後者の年間投資枠は40万円まででした。そして、トータルの非課税保有限度額（生涯投資枠）は、一般NISAが600万円、つみたてNISAが800万円まででした。この投資可能な金額の上限が新NISAではグンと拡大するのです。

現行NISAが刷新して新NISAが誕生！

一般NISA

年間投資枠は120万円まで
非課税期間は最大5年間
口座開設期間は2023年末まで

つみたてNISA

年間投資枠は40万円まで
非課税期間は最大20年間
口座開設期間は2042年末まで

新NISAではこうなる！

新NISA

年間投資枠は
つみたて投資枠なら120万円
成長投資枠なら240万円
非課税期間はなんと無期限！
口座開設期間も無期限

新NISAでは
制度が恒久的に利用でき
なおかつ非課税期間も無期限に！
つまり、この枠の中での
投資で得た利益なら
ずっと非課税ということです。
やらない手はありません！

新NISAでは、「つみたて投資枠」と「成長投資枠」という２つの枠が用意され、それぞれの年間投資枠はつみたて投資枠が120万円、成長投資枠は240万円と、大幅に拡大されることになりました。そして、最大の特色は、何といっても「非課税になる期間が無期限」になること。これまでのNISAでは、一般NISAが５年、つみたてNISAが20年と、非課税になる期間は期限が定められていました。制度自体が恒久化されたことで、いよいよNISAが本格的に普及する気運が高まっています。

新NISA制度についてよく見てみよう

	旧制度		2024年1月以降	
口座開設期間	つみたて	2042年末まで	恒久化	
	一般	2023年末まで		
年間投資枠	つみたて	40万円	つみたて投資枠	120万円
	一般	120万円	成長投資枠	240万円
非課税期間	つみたて	最大20年間	無期限	
	一般	最大5年間		
非課税となる生涯投資枠	つみたて	最大800万円	貸付残高で1800万円（うち、成長投資枠1200万円）	
	一般	最大600万円		
両者の併用	不可		可能	
投資対象	つみたて	金融庁が定めた条件を満たした投資信託	つみたて投資枠	つみたてNISA対象商品と同様
	一般	上場株式・ETF・投資信託など	成長投資枠	上場株式・ETF・投資信託など※

※投資信託に関しては、①信託期間20年未満、②毎月分配型、③高レバレッジ型を除外。

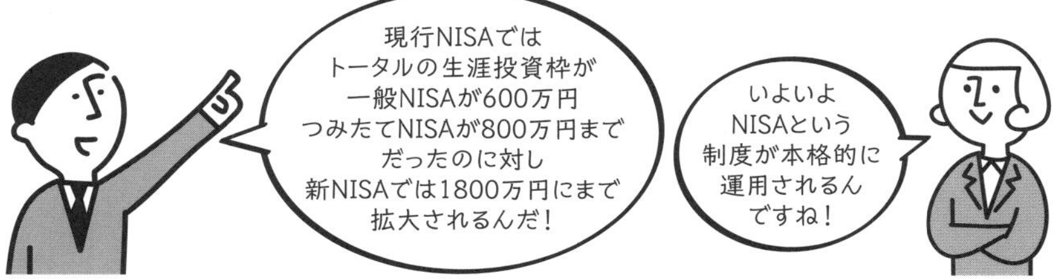

新NISA制度の6つの変更点

新NISA制度では大きく6つの変更点があり、制度自体が大幅に改良されることとなりました。何が変わったのか見ていきましょう。

新NISA制度では、これまでのNISAから変更になった**改良**点が６つあります。まず、１つ目は口座開設期間です。これまでのNISAでは、NISA口座を開設する期間が限定されていました。新NISAではそれが無期限となり、制度自体が恒久化されます。２つ目は非課税での金融商品の保有期間が無期限になることです。これにより、積み立てている資産を長期間保有し続け、いつでも売れることになりました。３つ目は年間投資上限額の引き上げです。

新NISAの変更点は6つ！

変更点❶ 口座開設期間が恒久化

現行NISA		新NISA
2023年まで	→	恒久化

口座開設期間が恒久化されます。そのため、いつでも口座を開設して投資を始められます

変更点❷ 非課税保有期間が無期限に

現行NISA		新NISA
一般NISA 5年 つみたてNISA 20年	→	無期限

従来は金融商品を非課税にできた期間に限りがありましたが新NISAからは撤廃されます！

４つ目が非課税保有限度額（生涯投資限度額）の引き上げです。１年間に投資できる額も、トータルで非課税で投資できる額も、これまでよりも大幅に拡大されることになったのです。５つ目は成長投資枠とつみたて投資枠の併用が可能になったこと。これまでのNISAでは、一般NISAとつみたてNISAという２種類が用意されていましたが、どちらかを選んだらもう一方は使えない、つまり併用が不可でした。新NISAではこれが併用可能となり、より多くの資産を投資できることになりました。６つ目は売却すると翌年に投資枠が復活することで、P48・49で詳しく解説します。

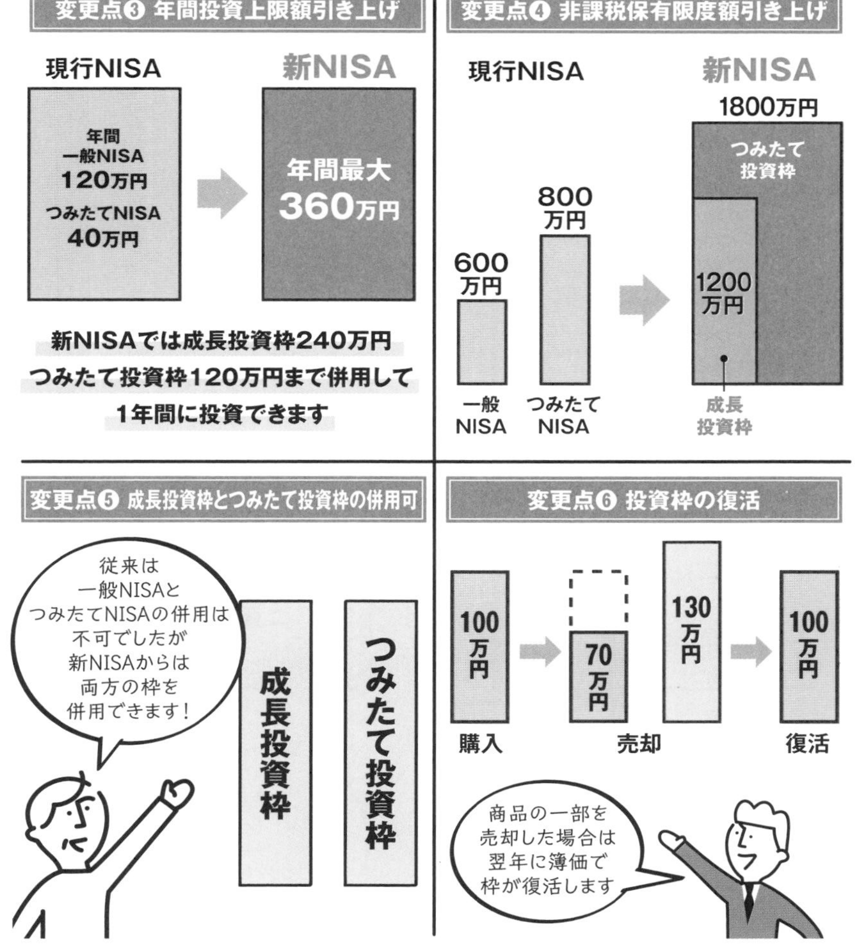

NISA制度が恒久化される

これまでのNISA制度は口座開設期間が2023年末までと制度に期限が設けられていましたが、新NISAではそれが廃止になりました。

新NISA制度になると、NISA制度自体が**恒久化**されます。これまでの2014年１月から続いていたNISA制度は、恒久的な制度ではありませんでした。まず、口座開設期間が限定されていましたし、非課税保有期間も一般NISAが５年、つみたてNISAが20年と限定されていたのです。しかし、口座開設期間が限定されていると、NISA制度を利用する前に制度自体がなくなってしまったり、利用できる期間が短くなってしまう可能性もありました。

新NISAでは制度そのものが恒久化される！

現行NISA

口座保有期間
つみたて 2042年末まで
投資可能期間
一般 2023年末まで

非課税保有期間
つみたて 最大20年間
一般 最大5年間

→

新NISA

無期限
and
恒久化！

新NISAではついに制度そのものが恒久化されることになったんだよ

制度が恒久化されたことで私たちにはどんなメリットがあるの？

また、非課税保有期間が限定されていると、例えば一般NISAを利用した場合、５年の期限が来る直前に相場が下がると、不利なタイミングで手放さなくてはならなくなるという可能性がありました。期限を迎えた次の策を考えなくてはならず、安定した資産形成が難しい面もあったのです。そこで新NISAでは、制度自体を恒久化し、私たち国民が長期で投資をお得にできるような形に改良されたのです。

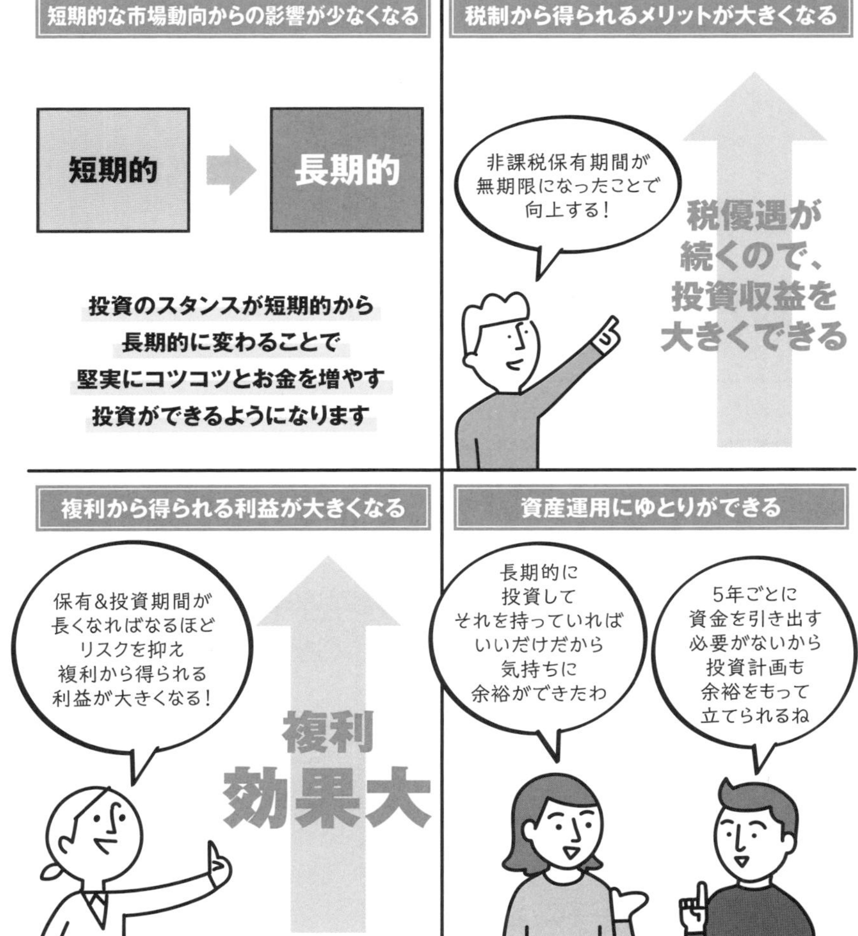

新NISA最大の魅力は投資期間の無期限化

現行NISAには非課税で保有できる期間に上限があるという大きな欠点がありました。新NISAはこの点で大きく改善しました。

P24・25でも述べたように、長期で積み立て投資をする最大のメリットは「複利」の恩恵を受けられることです。複利とは、投資によって得られた利益を元本に組み込む（再投資する）ことで、元本と利益を雪だるま式に大きくしていくこと。この複利の恩恵を大きくするには、投資期間をできるだけ長くすることが必要です。ところが、これまでのNISA制度では、金融商品を非課税で保有できる期間が一般NISAは５年、つみたてNISAでも20年と限定されていたのです。

現行NISAでは非課税期間が限られていた

現行の一般NISA制度

	5年目	
100万円を投資	120万円まで値上がり	①課税口座に移管 →課税 ②売却 →非課税

この課税は投資信託や株を売却した時の売却益だけでなく配当金にもかかってくる！

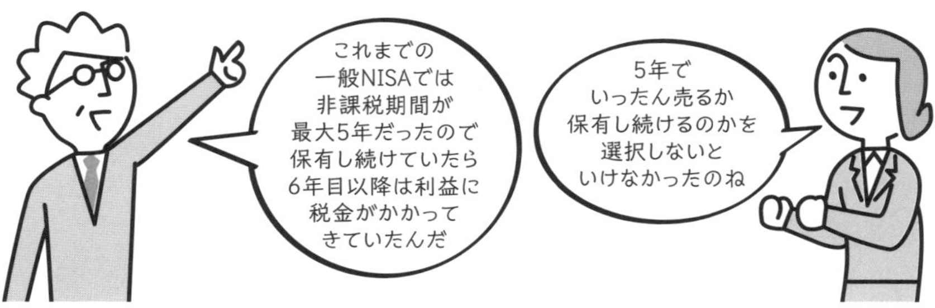

新NISAでは、その非課税保有期間がついに無期限となります。つまり、これまでは一般NISAの枠で投資し、6年以上保有し続けていた金融商品の利益には約20%の税金が課せられていましたが、新NISAでは何年保有していても上限額を超えない限りは、ずっと非課税なのです。この投資期間の**無期限化**が私たちにもたらす恩恵は、長い目で見ればかなりのものになります。長期的な投資計画を立てることができ、複利の恩恵を大きくすることができるのです。

新NISAなら非課税期間が無期限になる！

当然、配当金も非課税になりますから
新NISA制度の枠組みの中でなら
投資をする上で税金の心配をする必要がなくなります

1年間に360万円まで投資できるようになる

現行NISAに比べ、新NISAでは２つの枠の併用が可能になっただけでなく年間投資上限額が大幅に引き上げられます。

新NISAでは、**年間投資上限額**も引き上げられることになりました。現行NISAでは、一般NISAが「年間120万円」、つみたてNISAが「年間40万円」「積み立て月額約3万3000円」が上限でした。しかも、一般NISAとつみたてNISAという２つの枠の併用が不可でしたので、どちらか一方を選んだらもう一方は使えなくなるため、年間投資上限額は、一般NISAの120万円、またはつみたてNISAの40万円の、どちらかにしかなりませんでした。

これまでは年間120万円or年間40万円の選択肢しかなかった

現行NISA制度

どちらか1つを選択しなければならない
2つを同時に利用することは不可能

一般NISA		つみたてNISA
年間120万円まで 最大で5年間非課税	or	年間40万円まで 最大で20年間非課税

ところが、新NISAでは成長投資枠とつみたて投資枠の併用が可能になり、成長投資枠の年間投資上限額が240万円、つみたて投資枠が120万円、合計で360万円にまで引き上げられることとなったのです。これは、かなりの改良だといえるでしょう。ただし、現行のNISAでの非課税期間終了後、新NISAへの移管はできないなど、いくつかの注意点があります（下記参照）。

新NISAでは２つの枠で年間360万円を投資できる！

新NISA制度

両方の枠を同時に使える！
もちろん片方だけの投資も可

成長投資枠		つみたて投資枠
年間240万円まで 無期限で非課税	and	年間120万円まで 無期限で非課税

新NISAの年間投資上限額の注意点

- 現行のNISAでの非課税期間終了後、新NISAへの移管は不可
- 使い切らなくても翌年以降に持ち越せない

生涯で使える非課税枠は1800万円にアップ

新NISAでは非課税保有限度額もまた大幅にアップすることになり、それに加えて金融商品の売却後に非課税枠が復活するようになります。

改良されたのは年間投資上限額だけではありません。新NISAでは、１人の国民が非課税で生涯に投資できる上限額、「**非課税保有限度額**」もまた大幅にアップすることになりました。これまでのNISAでは、つみたてNISAの生涯投資枠は800万円を上限とし、一般NISAの上限が600万円でした。しかも、どちらか一方しか選ぶことができなかったのです。しかし、新NISAではこの非課税保有限度額（生涯投資枠）も大幅に引き上げられます。

これまでの非課税保有限度額は?

現行NISA

つみたてNISA	一般NISA
800万円 年間上限投資額 40万円×20年	600万円 年間上限投資額 120万円×5年

非課税保有限度額は、つみたて投資枠・成長投資枠合わせて、1800万円までが利用可能になり、そのうち成長投資枠だけなら1200万円が最大になります。ただし、成長投資枠は絶対に使わなければならないわけではないので、1800万円の限度額のすべてをつみたて投資枠で使うことも可能です。また、非課税枠の中の金融商品は、売却すると、その金額の非課税枠が一定のルールに従って翌年に復活しますので、フレキシブルな資産運用が可能になりました（詳しくはP48・49で解説）。

新NISAでは生涯保有限度額が大幅アップ

新NISA制度

つみたて投資枠
成長投資枠
の合計で1800万円まで

成長投資枠単独で
最大1200万円まで

売却したら非課税の枠が復活する！

つみたて投資枠 / 成長投資枠

一部を売却すると……

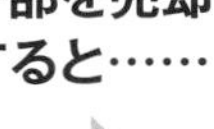

つみたて投資枠 / 成長投資枠

売却した分が
簿価（購入時の価格）
で翌年に復活！

08 2つの枠が併用可能に

これまでのNISAでは２種類の併用ができませんでしたが、新NISAからはつみたて投資枠と成長投資枠の２つの枠の併用が可能になります。

新NISAでは、NISA口座の中に「**つみたて投資枠**」と「**成長投資枠**」という2つの枠ができます。この枠は、口座の中に２つの特別勘定の箱があるようなものだと考えてください。新NISA口座の開設は国民１人につき１口座（１金融機関）に限られ、２つの枠をそれぞれ別の口座にする、あるいは別の金融機関に開設するということはできません。現行NISAにも「一般NISA」と「つみたてNISA」と２つ存在していましたが、２つを併用することはできませんでした。

現行NISAでは併用ができなかった

現行NISAでは一般NISAとつみたてNISAのどちらかを選んで投資するしかありませんでした。おまけに、切り替えるには書類を提出する必要がありました

併用ができないということはどういうことかというと、選択方式だったということです。一般NISAを利用すると、つみたてNISAが使えなくなり、逆もまた然りでした。しかし、新NISAでは口座に用意された２つの枠を併用することができるようになります。ちなみに、これまでのNISAで口座を開設していた人の場合、新NISA制度に移行すると自動的にこれまでのNISAの口座を持っていた金融機関で新NISAの口座が開かれる仕組みになっています。

新NISAでは2つの枠が自動的に併用可能に

証券会社
銀行
信託銀行などで
NISA口座
を開設

新NISA口座

つみたて投資枠

成長投資枠

NISA口座を開設すれば、自動的に2つの枠を利用することができるようになります。口座開設は、1人につき1つの口座で、2つの枠を別の口座に分けることはできません

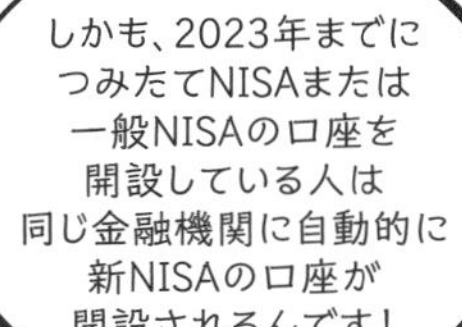

新NISAの口座は、これまでのつみたてNISAと一般NISAの口座が合体したようなものになります。現行NISAの口座を持っている人は、同じ金融機関に新NISAの口座が開設されますが、現行NISAで運用していた金融商品が新NISAの口座に移管されることはないので注意してください

新NISAでは売却すると翌年投資枠が復活する!

現行NISAの、いったん購入した金融商品を売るとその投資枠は復活しないというデメリットが、新NISAでは改良されました。

現行NISAでは、一般NISAであろうと、つみたてNISAであろうと、一度購入した金融商品を売却すると、その投資に使った非課税枠が**復活**することはありませんでした。しかし、新NISAでは枠の中の商品を売却した場合、翌年にはその投資枠が復活する仕組みに改良されたのです。これによって、よりフレキシブルに、機動的な投資が行えるようになりました。枠の復活の仕組みは、以下の通りです。まず、購入時に100万円のETF（上場投資信託）を買ったとします。

生涯投資枠の一部を売却したらどうなる?

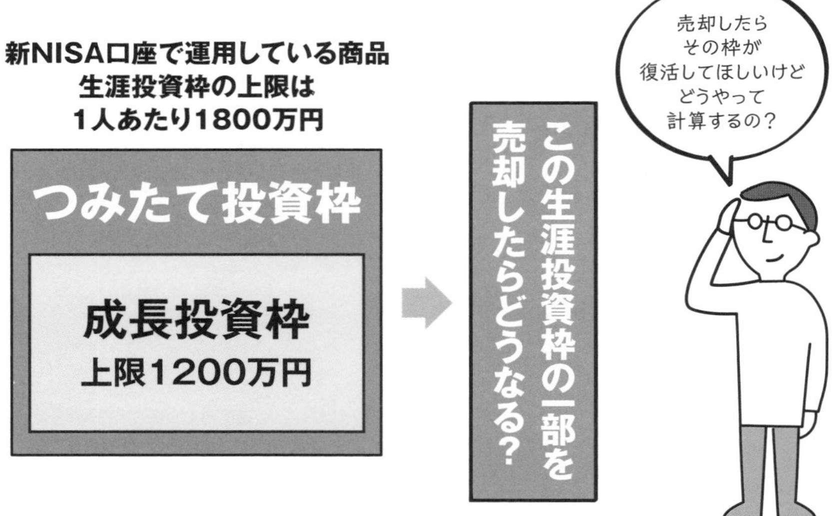

つみたて投資枠だけで生涯投資枠1800万円を使うことも可能で、成長投資枠は必ずしも使わなければいけないというわけではありません

このETFが値上がりして130万円になった場合でも、値下がりして70万円になった場合でも、売却したら復活するのは「簿価」です。簿価とは、購入時の価格のこと。つまり、時価（現在の価格）がいくらであろうと、売却したら購入時の金額分の枠が復活するのです（今回の例だと100万円分が復活する）。ただし、復活は即時ではなく、翌年になるので注意しましょう。

売却した場合は翌年、簿価で復活する

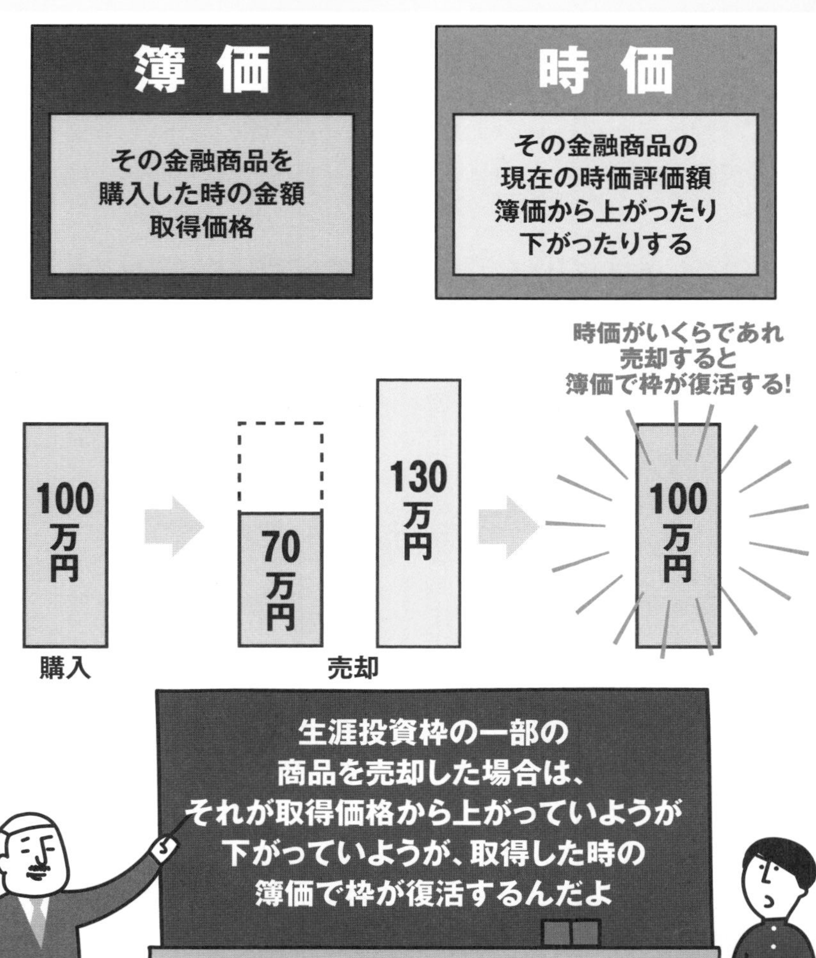

新NISAで買える金融商品ってどんなもの？

新NISAで買うことのできる金融商品は大きく分けて６種類。ただし、おすすめは投資信託、国内ETF、海外ETFの３種類です。

これまでたびたび「**金融商品**」という言葉を使ってきましたが、新NISAで買うことのできる金融商品にはどんなものがあるのでしょうか。金融商品といえば、皆さんが真っ先に思い浮かべるのは「株式（個別株）」だと思いますが、私は新NISAで投資をする際に株式の個別銘柄の購入はおすすめしていません。理由はいろいろあるのですが、投資にあまり詳しくない人が長期的に資産を形成するにはリスクが大きすぎることが最大の理由です。株式の個別銘柄は基本的に手を出さない方がいいでしょう。

現行NISAで買える金融商品は?

つみたてNISA	一般NISA
・投資信託 ・国内ETF ・海外ETF	・株式　・投資信託 ・国内ETF ・海外ETF ・REIT　etc……
金融庁の定めた一定条件をクリアした商品が対象で長期の積み立てや分散投資に適したものが選ばれている	幅広い金融商品が対象となっている反面ハイリスク・ハイリターンのものも含まれる

さて、新NISAで購入できる金融商品は大きく分けて、国内株式、外国株式、投資信託、国内ETF、海外ETF、REITの６種類。この中で初心者におすすめしたいのは投資信託と海外ETF。投資のことがわかってくるまでは、他には手を出さない方がよいでしょう。ちなみに、新NISA制度では、これまでに買うことのできた金融商品の中でも、特にリスクが高く資産形成に向いていないと金融庁がみなした商品が、購入可能商品から除外されることになりました。

新NISA制度で購入できる金融商品とは?

新NISAで除外されることになった商品

1.整理銘柄・監理銘柄に指定されている上場株式
2.信託期間20年未満、高レバレッジ型、毎月分配型の投資信託

※詳しくはP54・55で解説

現行NISA、新NISA問わず、「株式（個別株）」を買いたければ一般NISAまたは成長投資枠を使わなければ購入できないということに注意しましょう

つみたて投資枠ではどんな商品が買えるの？

つみたて投資枠で投資を始めると必ず目にするようになるのがインデックスファンド。指数に連動した安全性の高い投資信託です。

新NISA制度が始まったら、ほとんどの皆さんは「積み立て投資」を始めると思います。なぜなら、積み立て投資は、リスクを抑えた運用ができるからです。それでは、つみたて投資枠で買うことのできる商品には、どんなものがあるのでしょうか。つみたて投資枠で購入できるものは、金融庁の課す厳しい条件をすべて満たした投資信託とETF（上場投資信託）になります。2023年時点で、購入可能な商品は全部で251本。そのほとんどが投資信託です。

つみたて投資枠で購入できる商品とは？

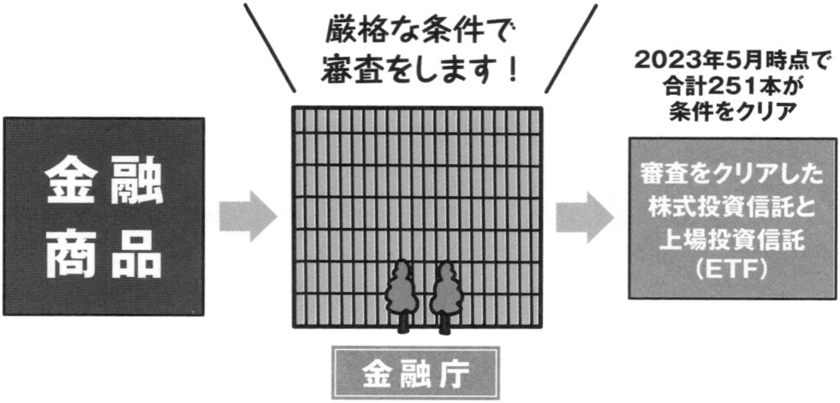

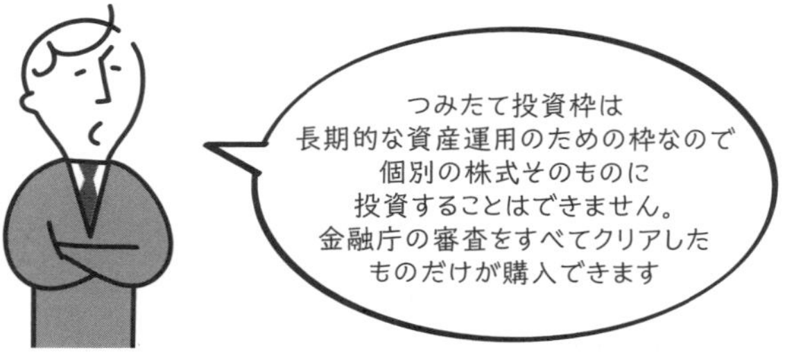

251本のうち、209本が指定インデックスファンド、34本が指定インデックスファンド以外の投資信託、8本がETF（上場投資信託）になります。大多数を占めている**インデックスファンド**とは何かというと、指定された「指数」に連動した運用を目指す投資信託になります（詳しくはP64・65を参照）。投資信託とは、投資のプロが国内外の株式や債券などに投資する商品ですが、日経平均株価やTOPIX（トピックス）などの指数に連動するようにすることで、バランスのとれた安全性の高い金融商品となるのです。

つみたて投資枠の対象商品のタイプ

つみたて投資枠で購入できるもの

❶指定インデックスファンド

日経平均など特定の株価指数と連動しているインデックスファンド、指定された株価指数、債券指数、REIT指数などを組み合わせた資産複合型の投資信託

❷上記以外の投資信託

アクティブファンドおよび指定されていない指数に連動しているインデックスファンドなど

（❶❷：公募株式投資信託と呼ばれる）

❸ETF（上場投資信託）

株式のみならず、債券、REIT、通貨、商品などの指数に連動している商品で、東京証券取引所などに上場している投資信託

アクティブファンドって何？

アクティブファンド

運用会社が一定の方針にしたがって銘柄を選んでファンドを構成し、株価指数などの指数にとらわれずに運用する。手数料が高い

インデックスファンド

運用会社が目標とする指数と同じ銘柄でファンドを構成し、指数とほとんど連動して動くことを目標として運用する。手数料が安い

成長投資枠ではどのような商品が買えるの?

成長投資枠では、積み立て購入以外の一括購入が可能で、投資信託の買い増し、ETFの購入、併用でのキャッチアップ投資などに向いています。

新NISAのつみたて投資枠で買える商品は、インデックスファンドを中心とする投資信託とETFでしたが、成長投資枠で買える商品はさらに幅広くなります。投資信託とETFに加えて、国内株式、海外株式、REITが加わるのです。ただし、P51で触れたように株式からは整理・監理銘柄に指定されている上場株式は除外され、投資信託からは信託期間20年未満のもの、毎月分配型のもの、高レバレッジ型のものは除外されることになっています。REITからも高レバレッジ型は除外されます。

成長投資枠ではより幅広い商品が購入可能

成長投資枠で買える金融商品のタイプ

上場株式など

つみたて投資枠とは異なり、通常の株式(個別株)を購入可能。
ただし、新NISA制度では一部の株式が除外される(次ページ参照)

公募株式投資信託およびETF(上場投資信託)

つみたて投資枠で購入可能な公募株式投資信託およびETFも購入することができる。ただし、新NISA制度では一部の商品が除外される(次ページ参照)

REIT(上場不動産投資信託)

REITも購入可能だが、高レバレッジ型は除外される

除外される理由は、それらがハイリスクな商品であり、国民の資産形成に必ずしも有益ではないと金融庁が判断したからです。ちなみに、つみたて投資枠で購入可能な商品は、成長投資枠でも購入することができます。成長投資枠を活用するには**個別株**などに投資するよりも、積み立て投資をしたり、投資信託やETFの「一括購入」をする方がよいでしょう。

成長投資枠での金融商品購入のポイント

新NISAで除外される商品とは?

整理銘柄・監理銘柄に指定された上場株式

信託期間20年未満の投資信託

高レバレッジ型の投資信託

毎月分配型の投資信託

これらの商品は新NISAの対象商品から除外されました!

その他成長投資枠について覚えておきたいポイントは次の通りです

成長投資枠の豆知識

新NISA制度が始まると、成長投資枠で購入できる商品を容易に見分けられるようにするため、各金融機関や運用会社がその旨をホームページ等に記載するようになると考えられていますので、購入前にチェックしましょう

つみたて投資枠で購入できる商品は、成長投資枠でも購入可能です。ただし、つみたて投資枠では、積み立てる方法でしか購入できません。一方、成長投資枠では一括購入も可能です

新NISAにはどんなメリットとデメリットがあるの？

現行NISA制度にあったジュニアNISAが廃止され、非課税での親の管理の下での0歳からの投資が不可能になってしまいました。

新NISA制度には、どんなメリットがあるのでしょうか。新NISA制度のメリットについて語る前に、現行NISA制度のメリットを整理しましょう。まず、運用益から税を引かれず（非課税）投資ができること、少額から積み立て投資が可能だったこと、金融庁が厳選した安全な銘柄から商品を買うことができたこと、確定申告が不要になることなどが挙げられます。一方、デメリットとしては、制度が恒久化されていないこと、非課税の期間が無期限でないこと、2つの枠を併用できないことなどがありました。

現行NISA制度のメリット・デメリットとは？

メリット

- 少額から積み立て投資が可能
- 株式や投資信託に投資可能
- 利益が非課税になる
- 確定申告不要
- 金融庁による審査をクリアした商品が対象
- 自分の好きなタイミングで投資可能

デメリット

- 1人1口座しか開設できない
- 非課税期間が限定されていたこと
- NISA口座の損益は課税口座での損益通算の対象外
- 同じ枠の中でのスイッチング（預け替え）もできない

NISAはそもそも優遇制度なので課税口座の金融商品における損益通算に組み込むことはできません

新NISAではそれらのデメリットが解消されたり、緩和されましたが、課税口座との損益通算ができないこと、１人につき１口座しか持てないこと、課税口座の金融商品をNISA口座に移管できないことなどのデメリットが、これまでのNISAから引き続き存在しています。また、これまでのNISA制度にはあった子どもの将来のために非課税で長期投資ができる「ジュニアNISA」が廃止され、すべての人が一律**18歳**から新NISAで投資可能になりました。未成年のために非課税で投資ができる制度がなくなったことは、新たに生まれた課題だと思います。

新NISAを始める前に注意点を押さえよう

NISAは投資での利益に対して課税しない代わりに、損益通算ができません。

新NISA制度での投資を始める上で、ぜひとも押さえておいていただきたい注意点がいくつかあります。まず、NISAでは「**損益**通算」ができません。損益通算とは、同一年分の投資によって出た利益と損失を通算し、税金の計算をすること。通常、課税口座で行う投資では損益通算ができるので、投資をしたとしても最終的に利益と損失を相殺し、相殺した結果、プラスになっていないのであれば課税されることはありません。

新NISAを始める前に知っておくべき注意点とは?

損益の通算ができない

これらの口座を合わせての損益通算はできない

課税口座

特定口座や一般口座

ところが、NISAは非課税なので、利益が出ても課税されない代わりに、損をしても通算させる利益（課税対象の利益）がないので、損益通算はありません。また当然ながら、NISA口座と課税口座の間での損益通算もできません。これは、非課税という恩恵を受ける以上は、致し方のないことだといえます。それ以外の注意点は配当金を証券口座で受け取らないと課税されること、海外転勤には諸手続きが必要になることなどです。

新NISA運用前にぜひ押さえておきたい注意点

配当金は証券口座で受け取らないと課税される

❶配当金領収証方式

ゆうちょ銀行や郵便局などに
「配当金領収証」を持って行って受け取る方法

❷登録配当金受領口座方式または個別銘柄指定方式

指定した銀行口座で配当金や分配金を受け取る方法

❸株式数比例配分方式

この方法じゃないと
非課税にならない！

証券会社の取引口座で配当金や分配金を
受け取る方法。事前に登録する必要がある

海外転勤とNISAは相性が悪い

海外転勤の出国日の前営業日までに
「非課税口座継続適用届出書」を提出する

帰国時に「非課税口座帰国届出書」を
提出することで新規買付が可能に

帰国しないまま5年が経過するとNISA口座は
廃止され、金融商品は一般口座へ移管される

**これらは新NISA制度になっても
あまり変わらないと予想されています。
海外転勤の予定がある人は
事前に金融機関に相談しておきましょう**

株式って何ですか?

新NISAの成長投資枠では株式を買うことが可能ですが、投資に慣れていない人が価格変動のリスクがある個別株を買うのはおすすめしません。

成長投資枠では株式を買うことが可能ですが、株式とは何なのかをよくわかっていない人もおられるかもしれません。株式とは、企業が資金を出資してくれた人に対して発行する証券のことで、証券取引所に上場している企業、いわゆる上場企業の株式は私たちが自由に売買することができます。このイメージが強いため、投資といえば株式売買のことを思い浮かべる人が多いようです。個別の株式の投資は、その会社の裁量で株価が動くのでリスクが高く、分散投資もしにくいので、初心者には向きません。

そもそも株式って何?

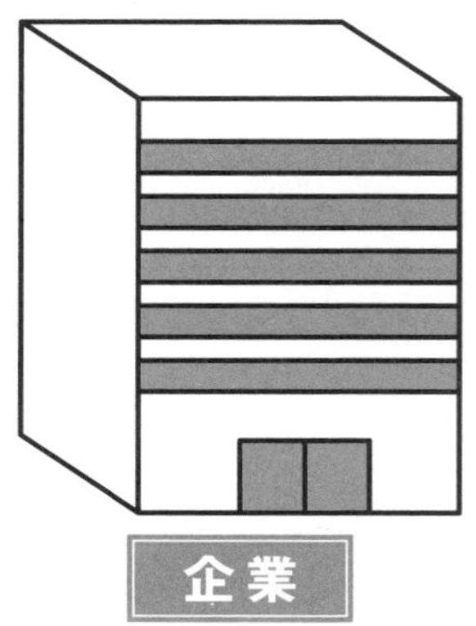

株式とは企業が資金を出資してくれた人に対して発行する証券のこと。株式を買うということは、その企業のオーナーになるということを意味し、株主総会への出席が可能になったり、配当金の受け取りや株主優待などの、さまざまなメリットがある

株式を選ぶ時にチェックしたいポイント

業績	PER(株価収益率)
その企業の売上高と営業利益が上がっているのか下がっているのか	株価が一株当たりの純利益の何倍になっているか

PBR(株価純資産倍率)	配当利回り
株価が一株当たりの純資産の何倍になっているか	株価に対して配当金がどれくらいの割合か

国内株式とは、日本国内の証券取引所に上場している企業の株式のことを指し、**外国株式**とは、海外の証券取引所に上場している企業の株式のことを指します。国内株式を売買する場合は、主に「四季報」と呼ばれる情報誌（情報サイト）で個別の銘柄の情報を確認してから買うことが多いです。「四季報」には、前ページに記したようにPERやPBRなどのさまざまな指標が掲載されており、その企業の将来性、株価が割高か割安かなどを判断する材料となります。

国内株式と外国株式の違いは?

国内株式	外国株式
・為替の影響を受けにくい	・為替の影響を受けやすい
・ストップ高・ストップ安などの安全措置がある	・ストップ高・ストップ安などの安全措置がない国がある
・日本語の情報源で豊富な情報収集ができる	・日本語の情報源が限られ、情報収集が難しい
・日本独自の株主優待という制度がある	・株主優待がない
・最低限の購入株数が決まっている	・米国などでは1株から購入可能
・日本の経済成長が低ければ株式の成長率も低くなる	
・購入単位「1単元」＝100株	

国内株式と外国株式とでは
こんな違いがあります。
もし株式を買う場合は
これらを踏まえた上で
よく吟味してから買いましょう

株式と投資信託の違いとは?

新NISA制度で初心者が投資するなら、断然おすすめなのが「投資信託」です。投資信託は分散投資なのでリスクを抑えた運用が見込めます。

あなたが新NISA制度の下で投資をする際、私がもっともおすすめしたい金融商品が**投資信託**（ファンド）です。投資信託とは、投資家たちから広く集めたお金をまとめて、投資のプロが運用する金融商品のことです。基本的に、投資信託は複数の株式や債券などに投資する商品ですので、それだけで分散投資になります。分散投資とは、資金を一点に集中せずに分散させることでリスクヘッジを図る投資の手法です。

投資信託って何?

株式の個別株を1銘柄だけ売買する場合は、価格の変動が不確実なため売買のタイミングをうまく見極めることができれば、大きなリターンを得ることも可能である反面、買った株が大きく下落していつ上昇していくかわからない場合に、かなりの損失を抱えることになってしまいます。しかし、投資信託は、複数の投資対象に投資するので自動的に分散投資になり、何か１つが下がっても他が上がるという形で全体の価格が大きく変動しにくく、リスクを抑えた運用が見込めるのです。これが株式と投資信託の大きな違いです。

株式と投資信託の違いとは？

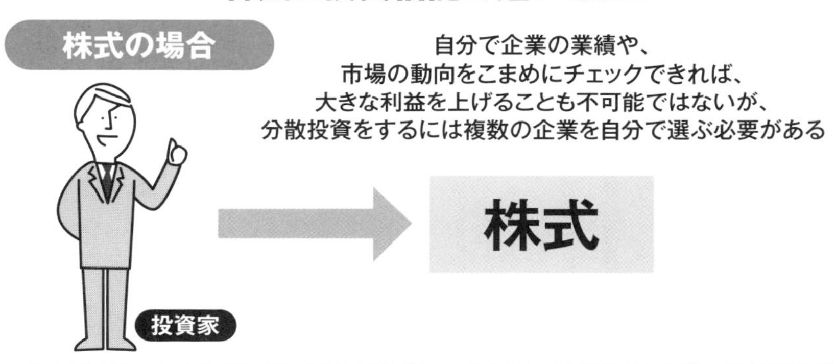

投資信託の場合

投資信託は、投資のプロが複数の投資対象に
投資をしてくれるものなので、
1つの投資信託を買えば、それだけで分散投資になる。
プロが運用しているので、こまめにチェックする必要はない

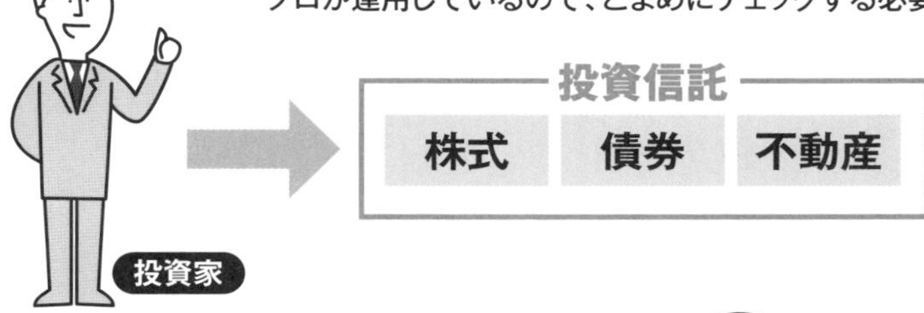

1つの投資信託を買うだけで
リスクを分散できるのが
最大のメリットです！

インデックスファンドとアクティブファンドの違い

新NISAで買うことのできる投資信託の大半を占めるのがインデックスファンド。市場全体の値動きと連動した運用を目指す投資信託です。

投資信託には、大きく２つのタイプがあります。それは「インデックスファンド」と「**アクティブファンド**」です。新NISAで購入することのできる投資信託のほとんどはインデックスファンドになります。インデックスファンドとは、ベンチマークと呼ばれる値動きの目標とする株価の指標に連動する形で運用する投資信託のこと。インデックスファンドは、日経平均株価やTOPIXなど市場全体の動きを表す指数をベンチマークとして、それに連動する値動きを目指しています。

そもそもインデックスって何?

インデックス（指数）とは?

投資信託では、値動きの目標とするインデックス（指数）を「ベンチマーク」と呼びます。

TOPIX（東証株価指数）

NYダウ

市場の動き全体を示す指数（指標）のことをインデックスといいます

NISAではインデックスと連動した値動きを目指して運用するインデックスファンドに投資するのがもっともポピュラーです

インデックスファンドは、ベンチマークと連動することを目指しているのでベンチマークを上回る運用成績は上がりにくいものの、値動きがわかりやすく、市場全体の動向を表す指数に投資するため安定性があります。一方、アクティブファンドはベンチマークを上回る運用成績を目指して運用される投資信託のこと。種類が豊富ですが、運用者が銘柄を選別・運用するので手数料が高く、運用成績にも差が生まれてきます。おすすめは低コストで安定性のあるインデックスファンドです。

インデックスファンドとアクティブファンドとは？

インデックスファンド		アクティブファンド	
特徴	●指数という市場全体の平均に沿って投資できるため、分散投資になる ●値動きがわかりやすく、情報源も多いため安心	特徴	●さまざまな種類がある ●運用する会社次第で成績が変動する ●独自の目的に則った投資になる
コスト	●手数料が安い	コスト	●手数料が高い
運用方針	●ベンチマークに連動するような値動きを目指す 基準価額 ベンチマーク	運用方針	●ベンチマークを上回るパフォーマンスを目指す 基準価額 ベンチマーク
どんな人におすすめ？	●初心者 ●投資の勉強に多くの時間を割けない人	どんな人におすすめ？	●インデックスファンドですでに運用している人

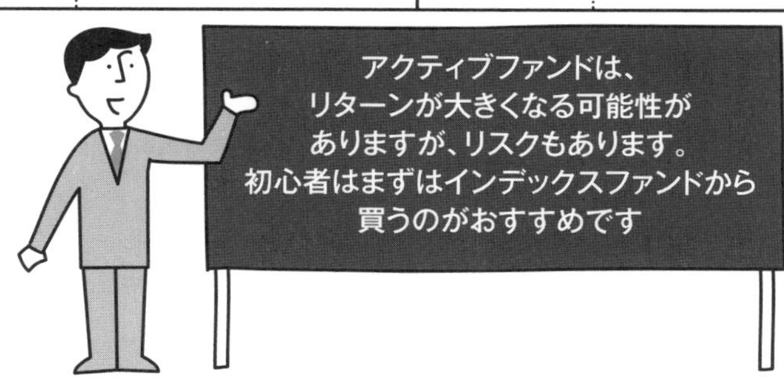

国内ＥＴＦとは?

ETFとは、通常の投資信託とは違い、取引所に上場している投資信託のこと。通常の投資信託とはいくつかの相違点があります。

ETFとはExchange Traded Fundの略で、日本語では「上場投資信託」と呼ばれる金融商品です。通常の投資信託とは違って、株式と同じように取引所に上場している投資信託のことです。基本的なシステムは、投資信託と同じく不特定多数の投資家から集めた資金を投資のプロが運用することで利益を上げています。しかし、上場しているために、いくつか通常の投資信託とは異なる点があります。それは「市場価格」と「基準価額」の２つの価格があることです。

そもそもETFって何?

一般の投資信託	ETF（上場投資信託）
取引所に上場されていない	取引所に上場されている
1日1回基準価額が算出される	リアルタイムで市場価格が変動している
株のようにリアルタイムの取引はできない	株のようにリアルタイムの取引ができる
手軽な積み立て投資が可能	市場価格と基準価額が必ずしも一致していない

市場価格とは、そのETFのその時点での時価のこと。ETFは上場していますから、株式と同じように取引所が開いている時間は、リアルタイムで市場価格が変動します。基準価額とは、そのETFの保有する純資産によって決まる価格のことをいいます。基準価額よりも市場価格が下回ることをディスカウント、基準価額よりも市場価格が上回ることをプレミアムといいます。ちなみに、**国内ETF**とは、国内の市場に上場しているETF全般のことを指します。

ETFの市場価格と基準価額とは?

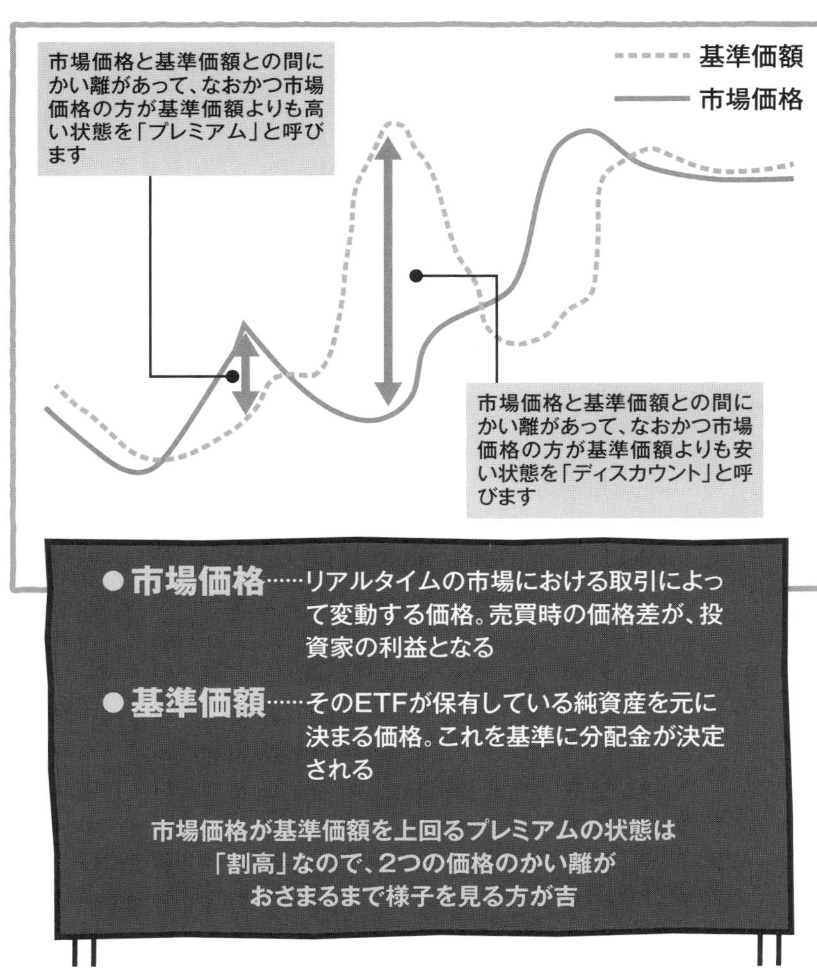

19 海外ETFって何?

海外ETFは、海外の取引所に上場しているETF(上場投資信託)のこと。リターンが大きい反面、日本人が買うにはいくつか注意点もあります。

国内ETFに対して、**海外ETF**と呼ばれる商品は、海外の取引所に上場しているETF全般のことを指します。海外ETFの主要な市場はアメリカですので、海外ETFの多くは米国ETFであるといっても過言ではありません。2023年4月27日から、現行NISAのつみたてNISA枠でも米国ETFを購入することができるようになったことで話題になりました。ただし、海外ETFは国内ETFとは微妙に異なる点があるので、購入を検討する前にチェックしておきましょう。

そもそも海外ETFって何?

海外ETFと国内ETFの違いについてですが、大きい違いは「税金」。仮に、あなたが新NISAで国内ETFを買って売却時に利益が出た場合は非課税、同様に分配金が出た場合も非課税になります。ところが、新NISAで海外ETFを買って売却時に利益が出た場合は非課税なのですが、分配金が出た場合には日本の税金は非課税ですが海外の税金がかかってくるケースがあります。その他、市場規模や取引時間などが違います。これらを念頭に入れて検討しましょう。

国内ETFと海外ETFの違い

国内ETF	海外ETF
売却時の利益も 分配金も 非課税	売却時の利益は 非課税だが 分配金には その国の税金が 課税される

海外ETFはリターンが
大きいのが魅力だけど
注意点をチェックしておいた
方がいいね

せっかく買って
利益が出たのに課税されたり
手数料が取られることがあるのね。
リターンとコストを天秤にかけないと
いけないわね

20 REITってどんなもの?

REITは、不動産の家賃収入や売買益で利益を上げる投資信託。新NISAでの投資はおすすめしませんが、知識として覚えておきましょう。

REIT(リート)とはReal Estate Investment Trustの略で、日本語では「上場不動産投資信託」と呼ばれます。日本のREITは、特にJをつけてJ-REITと呼ばれる場合もあります。これは、不特定多数の投資家から集めたお金を投資のプロが運用するという点では通常の投資信託と同じなのですが、投資先が株式や債券ではなく不動産であるという点が異なっています。REITは、不動産の家賃収入と売買益などによって利益が生み出される仕組みの投資信託なのです。

REITとは不動産を取り扱う投資信託

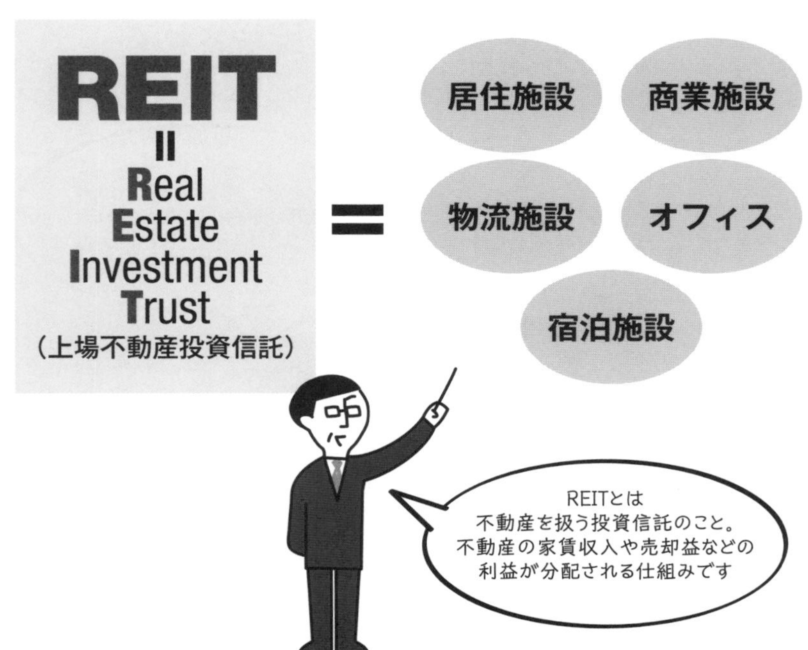

金融商品の中では、一般に株式の個別銘柄を売買するのがもっともハイリスク・ハイリターンであるとされ、もっともローリスク・ローリターンなのが債券や預貯金であるとされています。REITはそれらのちょうど真ん中あたり、ミドルリスク・ミドルリターンの商品であるとされています。しかし、個人的には新NISAでREITを利用するのはおすすめしていません。やはり、新NISAで堅実に資産形成を目指すなら、インデックス型の投資信託かETF（上場投資信託）にフォーカスするべきです。

REITの特色とは?

金融商品の中でのREITの位置づけは？

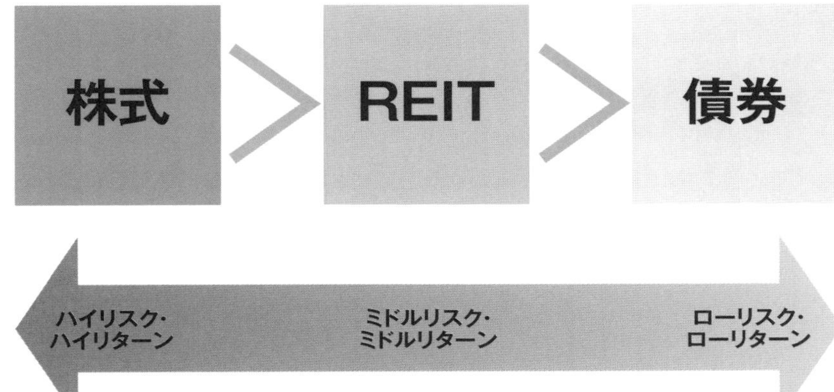

不動産価格と景気の関係とは？

（景気の影響を受けやすい不動産）

商業施設

宿泊施設

オフィス

（景気の影響を受けにくい不動産）

居住施設

物流施設

Column

02

現行NISA口座がある場合はどうする?

2024年から新NISA制度が始まりますが、すでに現行NISAの口座を持っているという人は、どうすればいいのでしょうか。

そういう人が知っておくべきポイントをまとめましょう。まず、現行NISAの口座をすでに金融機関で開設している人は、2024年に新NISAが始まると同時に、その金融機関に新NISAの成長投資枠とつみたて投資枠の２つの枠が自動で開設されることになります。つまり、すでに現行NISAの口座を持っている人は、新たに新NISAのための口座開設手続きを行う必要はないということです。

もう1つ知っておくべきポイントは、現行NISA口座から新NISA口座へのロールオーバーはできないということです。ロールオーバーとは、口座間の「移管」のこと。現行NISA口座で保有している金融資産をそのまま新NISA口座へ移すことはできないということです。

ですから、現行NISAの口座がある金融機関を別の金融機関に変更して新NISAの口座を開設したい場合には、現行NISAの金融資産は変更前の金融機関で管理・保有し続けるか、すべて売却した上で、新たに別の金融機関で新NISAの口座を開設し、そこで買い直しということになります。

そして、現行NISAの口座でこれまで投資を続けてきた人が注意するべき点が、もう１つあります。それは、現行NISAは非課税期間が決まっているということです。

一般NISAは５年間、つみたてNISAは20年ですので、もし、一般NISAで投資した商品があるなら、非課税期間が終了するまであまり時間がありません。つみたてNISAなら20年間は非課税になりますので、しばらくの間はそのまま現行NISAの金融商品に積み立てを続けることができます。

ただし、非課税期間が終了した場合は、やはり現行NISAで保有していた金融資産は新NISAの口座へのロールオーバーができませんので、そのタイミングで売却するか、課税口座に移すかしなければいけません。

課税されてもいいと思うなら、現行NISAの非課税期間終了後は、課税口座に商品を移して保有し続けた方がいいでしょう。安い時から買っていて、利益が大きくなっており、新NISAでの投資枠を使い切る状況なら、売却する方がもったいないかもしれません。

１つ注意点としては、現行NISAで投資をしていた人の中には、現行NISAの金融商品を売って、それを投資原資として新NISAで新たに投資を始めようとする人がいますが、それは状況次第ということです。現行NISAですでに利益がちゃんと積み上がってきているのなら、それをこれからも非課税期間内に育てていくべきであって、新NISAに移行するからといって売却してしまっては、これまでの積み立てが無駄になってしまいます。慎重に判断しましょう。

Chapter 3

新NISAを始めよう

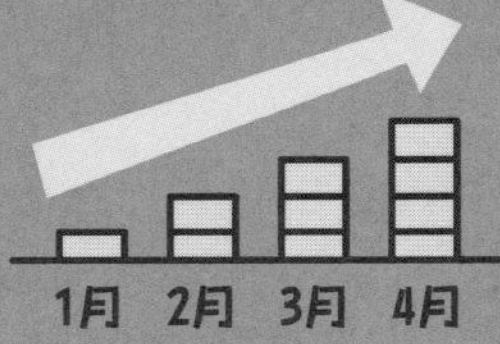

新 NISA 制度は難しいものではありません。
基本を押さえれば誰にでもすぐに始められます。
ここではそのノウハウをお伝えします。

金融機関を選ぶポイントってあるの？

NISA口座は1人につき1口座（1金融機関）ですから、自分が買いたい商品がある金融機関を選ぶようにしましょう。

さて、あなたが実際に新NISAを始めようと思った時に、最初にぶち当たる壁は「どの金融機関に口座を開くべきか？」という疑問だと思います。ここでは、金融機関を選ぶポイントを解説したいと思います。まず、金融機関を選ぶにあたっていちばん重要なことは、「自分が買いたい**商品**があるかどうか（商品ラインナップ）」です。海外ETFを買うことを視野に入れているのなら、あらかじめ海外ETFが買える金融機関に口座を開いておかなければいけません。

金融機関を選ぶ時に気をつけることは?

新NISAに向け
さまざまな金融機関が
口座開設キャンペーンを
打ち出しています。
さらに増える可能性もあるので、
それを見てから
決めるのも
おすすめ

NISA口座を
開設する
金融機関

その他の
品揃えは?

クレジット
カードを使った
積み立ては
できる?

どんな
インデックス
ファンドが
買える?

海外ETFが
買える?

株式が
買える?

ですから、まずは自分がどんな金融商品を買いたいのかを明確にしておく必要があります。私はインデックスファンドとETF（上場投資信託）を中心とした投資をおすすめしていますが、インデックスファンドと一口にいってもさまざまあります。ETFも国内のもの、海外のものと、さまざまです。そして、金融機関によってクレジットカードによる決済が可能なところや、各種ポイントが貯まるシステムを備えたところなどもありますので、あらゆる観点から検討してください。

新NISAのための金融機関を選ぶ際のチェックリスト

株式（個別株）は買えるか？	YES／NO
海外ETFは買えるか？	YES／NO
投資信託の品揃えは豊富か？	YES／NO
その他、あなたの買いたい対象商品がその金融機関にあるか？	YES／NO

つみたて投資枠と成長投資枠は同じ金融機関になる

NISAを始めるなら
金融機関はどこでもいい
というわけではありません。
事前に自分が買いたい
対象商品を調べ
それを買うことのできる
金融機関で口座を
開設してください！

つみたて投資枠

成長投資枠

この2つの枠は、同一のNISA口座の中に作られるため、そのことを踏まえて金融機関を選ぶようにしましょう

店舗型証券会社とネット型証券会社の違いとは？

NISA口座を開く金融機関の圧倒的人気No.1は証券会社ですが、店舗型とネット型の証券会社にはそれぞれ長所と短所があります。

新NISA口座を開くことのできる金融機関にはさまざまありますが、中でもとりわけ人気なのが証券会社です。なぜなら、証券会社が投資の対象商品をもっとも多く取り扱っているからです。ただし、証券会社には大きく分けて「店舗型証券会社」と「ネット型証券会社（ネット証券）」の２種類があり、どちらにもメリットとデメリットがあります。まずは、この２つの中から自分にとって取引しやすい方はどちらなのかを見極めて選ぶことから始めましょう。

NISA口座はどこで開けばいいのか？

店舗型証券会社の最大の魅力は、対面で相談ができるということです。ネットの使い方に慣れていない人などは、一対一で相談ができる店舗型の方が安心して取引が進められるかもしれません。一方、ネット証券の最大の魅力は手数料が安く、あらゆる手続きがオンラインで完結するという圧倒的な**利便性**です。P80・81で詳しく述べますが、私としては特段の事情（ネットがどうしても使えないなど）がない限りは、できればネット型証券会社で口座を開くことをおすすめします。

店舗型証券会社とネット型証券会社の違いは？

店舗型証券

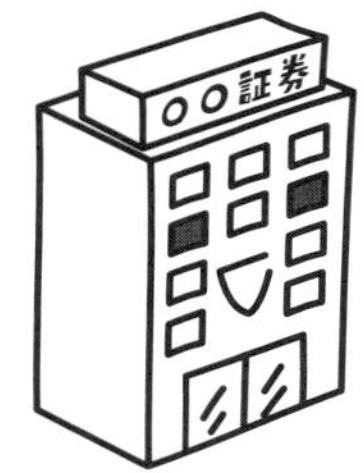

メリット

①窓口での対面で投資に関するアドバイスを受けられる
②対面以外にインターネットでの取引も可能

デメリット

①手数料がネット証券よりも高い場合がある
②対面または電話での手続きには時間的制約がある
③事前予約が必要なことがある
④証券会社の営業担当からの営業を受けることがある

ネット証券

メリット

①手数料が安いことが多い
②インターネット上で手続きのすべてを完結できる
③証券会社の営業担当からの営業がない
④ネット証券ならではのポイント制度などのサービスを受けられる

デメリット

①窓口で相談をすることができない
②わからないことは自分で問い合わせる必要がある
③パソコンやスマートフォンなどで、自分で口座を開設したり設定をする必要がある

03 はじめて口座を開設するならネット証券が断然おすすめ

初心者が新NISAで口座を開くなら、ネット証券がおすすめです。手数料が安く、品揃えが豊富な上、少額投資も可能だからです。

投資初心者の人が新NISAで口座をはじめて開設するなら、ネット証券会社で開くのが断然おすすめです。その理由は、**手数料**が安いこと、圧倒的に金融商品の品揃えが豊富なことなどが挙げられます。また、インターネットが使えるなら、手続きがとてもカンタンでスムーズなのも魅力です。

ネット証券が初心者におすすめな理由とは

1 商品が豊富

2 手数料が安い

3 少額からでも始めやすい

4 ポイントサービスなどの特典がある

また、ネット証券だと、投資信託の積み立てが100円や1000円といった少額から設定できる会社が多いので、まずは少額から投資を始めてみたいという初心者の人にはピッタリです。その他、取引の種類によって手数料ゼロが可能になったり、各種ポイントが獲得できたりと、メリットがいっぱいあります。

2大有名ネット証券の特徴

楽天証券

- 楽天市場のポイント還元率アップ
- 楽天証券で貯めたポイントが楽天市場で使える
- ポイント投資もできる
- 楽天銀行の金利がアップ
- NISA口座数No.1

SBI証券

- 顧客満足度No.1のネット証券会社
- 貯められるポイントの種類が豊富
- ポイント投資も可能

その他のネット証券

- マネックス証券
- 松井証券
- GMOクリック証券
- auカブコム証券

ポイントを活用するとお得に投資ができる!

ネット証券ならクレジットカードで投資信託を買うとポイントがもらえて、そのポイントを再び投資に回すことができます。

新NISA制度を活用して資産形成を行う上では、できるだけ「お得」にお金を増やしたいと思っている人も多いかもしれません。ネット証券で口座を開設した場合は、クレジットカード決済をすると各種**ポイント**を貯めることができる場合があります。また、そういったポイントを投資に使うことができることもあるのです。つまり、手元に貯まっているｄポイントやＴポイントなどを投資に回すことが可能なのです。新NISAと各種ポイント制度はとても相性がいい組み合わせといえるでしょう。

クレジットカード決済でポイントが貯まる!?

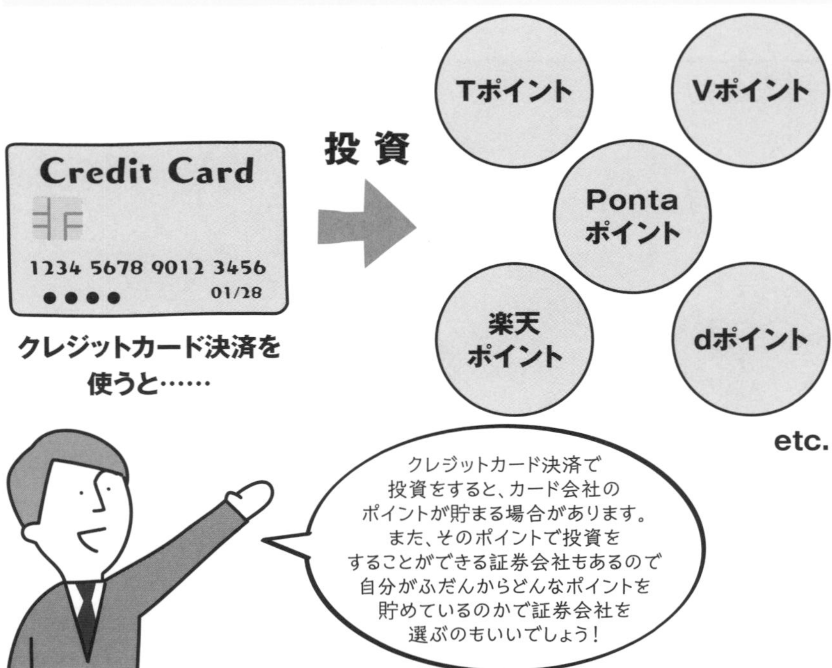

例を挙げると、SBI証券ではTポイント、Vポイント、Pontaポイントを投資や決済に使うことができます。ただし、３つとも使えるわけではなく、３つの中から１つを選んでメインポイントに指定することで、それをポイントによる投資に使うことができます。楽天証券では、もちろん楽天ポイントを投資や決済に使うことが可能です。クレジットカードで投資信託の決済をしてポイントを貯め、それをさらに投資に再投資するということが可能になるのです。ぜひ活用しましょう。

主要証券会社のポイント制度

決済クレジットカード	貯まるポイントは?	積み立てした場合の還元率	対象金融商品	投資金額
楽天カード	楽天ポイント	0.5～1%	投資信託	月100～5万円

決済クレジットカード	貯まるポイントは?	積み立てした場合の還元率	対象金融商品	投資金額
三井住友カード	Vポイント	0.5～5% ※カードによって異なる	投資信託	月100～5万円

自分がよく使っている
ポイントを調べて
そのポイントが貯められて
使える証券会社を選ぶ方が
絶対お得ですね！

ここに挙げた
2社以外にも
いろいろな証券会社が
ポイント制度を充実
させているので
調べてみましょう！

口座開設の具体的手順（前編）

いよいよNISA口座を開設してみましょう。今回は楽天証券を例にとって、誰でもカンタンに開設できる具体的手順を解説します。

それでは、いよいよネット証券で実際に新NISA口座を開設してみましょう。誰でもカンタンに開設できるように具体的な手順を説明していきます。ここでは本書でおすすめしている楽天証券を例にとって説明させていただきます。さて、口座を開設する前に、証券口座の構成についてお話しします。NISA口座は、それ単体で開設することはできません。証券会社で総合口座というものを開設し、それと併せてNISA口座を開設する必要があります。

NISA口座開設までの手順　その①

ですから、すでに総合口座を持っている人はNISA口座を追加で開設、持っていない人は、まず総合口座を開設する必要があります。総合口座を持っていない人は、楽天証券のホームページに行き、赤い「口座開設」ボタンを押してください。そうすると、楽天証券の場合は、楽天会員であるか、そうでないかを聞かれますので答えてください。楽天会員でない場合はアカウントを作成することになります。次に、**本人確認書類**を提出する画面に映るので、免許証かマイナンバーカードなど有効な本人確認書類の写真をスマートフォンなどで撮影してアップロードしてください。アップロードしたら、一番下の「本人確認書類を提出」ボタンを押して提出完了です。

口座開設の具体的手順（後編）

登録手続き後半のポイントは、課税口座の納税方法を「特定口座　源泉徴収なし」にすることと、「NISA口座を開設する」を選ぶことです。

本人確認書類を提出し終わったら、続いて本人情報を入力します。本人情報は、氏名、生年月日、住所、性別、電話番号などです。パソコンではなくスマートフォンで本人確認を行った場合は、ログインパスワードを登録する必要がありますので、登録したパスワードは忘れないようにメモしておきましょう。本人情報を入力する画面では、NISA口座とは別に、課税口座で取引した場合の「納税方法」を選択することになります。特段の事情がない限りまずは「特定口座　**源泉徴収**なし」でもOKです。

本人情報の入力

本人確認書類の写真をアップロードしたら本人情報の入力をしましょう

あとは画面に従って入力していく感じね

4 本人情報を入力する

氏名、生年月日、住所、性別、電話番号などを入力

↓

NISA口座以外の課税口座で取引した場合の納税方法を選ぶ

↓

NISA口座の選択欄で「開設する」を選択（重要!）

そして、NISA口座の選択欄では「開設する」を選んでください。これは、前提として総合口座（総合取引口座）を開設しているので、ここで「NISA口座を開設する」を選ばないとNISA口座が開設されませんので注意してください。イメージとしては総合口座の中にNISA口座があると理解しましょう。本人情報の入力が終わったら、楽天による審査が始まり、1〜3営業日後に審査・完了通知がメールで届きます。そのメールに記載されているIDを使って総合取引口座にログインしましょう。ログインして投資資金を楽天証券指定の口座に振り込めば、いよいよNISA口座での投資をする準備が整うことになります。

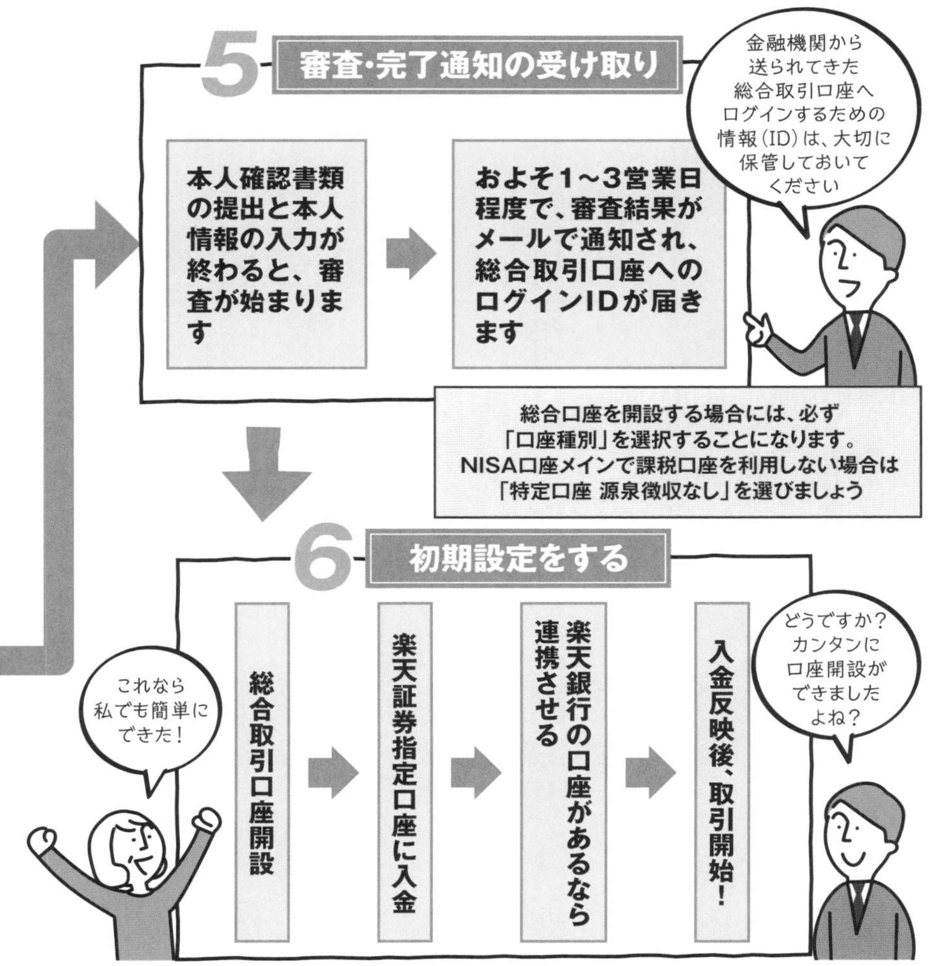

07 株式や投資信託ってどうやって売買するの？

投資信託の注文画面を開いたら、買付金額などを決めて注文をします。ただし、NISA口座の指定を間違えないようにしましょう。

さて、**NISA口座**を開設したら、早速お目当ての金融商品を購入してみましょう。購入方法は、あなたが開設した証券会社によって３つに分かれます。まず、店舗型の証券会社で口座を開設した場合は、「対面での手続き」と「電話での手続き」が可能です。証券会社の担当者と話をして、「○○が買いたい」と伝えるわけです。一方、ほとんどの人が開設するであろうネット証券会社の場合は、パソコンやスマートフォンを使ってインターネットで売買することが可能です。

ここでは、インターネットでの売買方法について解説します。まず、証券会社のホームページから下記のような投資信託の注文画面に行ってください。トップページでお目当ての金融商品を検索することから始めます。検索したら「スポット購入」「積立注文」などのボタンを押すと、下記のような注文画面が開きます（下はスポット購入の画面）。注文の際に注意していただきたいのは、「口座区分」という欄です。必ず「NISA」を選びましょう。そうしないと課税口座で購入してしまうことになります。

投資信託の注文画面の見方

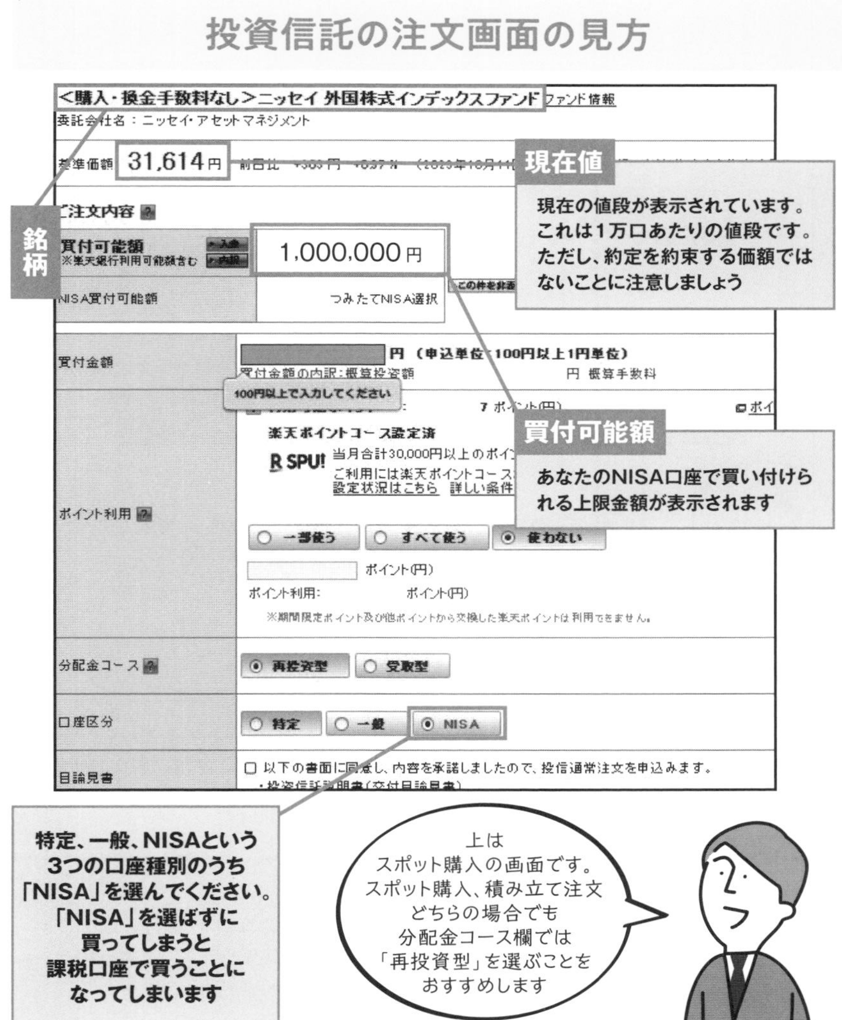

「積み立て」と「スポット」はどちらの購入がベスト？

投資信託の買い方は、積み立て購入とスポット購入の２種類がありますが、初心者はまず積み立てをメインに考えましょう。

新NISAで投資を始める初心者の皆さんには、積み立てによる購入をおすすめしています。理由は後述しますが、時間の分散と取得価額の平均化です。投資信託を買う場合は、下記の手順に従って、積み立て方法を設定して購入してください。取引画面で、引き落とし方法や積み立てる金額などを決めます。ここで注意したいのが、分配金コースの設定です。投資信託の分配金が発生した場合に、それを「受け取る」か「**再投資**する」かを選択します。

投資信託の買い方は大きく分けて２種類

投資信託は、積み立てて買うのがもっともポピュラーな購入方法です。機械的に少額をコツコツ積み重ねていくことで、結果的に全体の購入価額を平均化させることができるからです

つみたて投資枠でよく購入される投資信託は分配金が出ないものが多いのですが、中には出るものもあります。複利の効果を得たいなら、「再投資する」を選んでください。

また、投資信託の買い方には「スポット購入」という一括での購入方法もあります。これは、好きなタイミングで好きなだけ投資信託を買う方法で、積み立てるわけではありません。そのため割高なタイミングで買ってしまう可能性があります。

09 つみたて投資枠で売買するコツとは？

つみたて投資枠で積み立て購入をする時に気をつけたいのは、分配金の再投資。元本に組み込むことで複利の効果を最大にしましょう。

新NISAで投資をしていくなら、まずは、つみたて投資枠を活用して投資信託を**コツコツ**積み立て購入していくのが最善です。もちろん、月々3000円からでも構いませんので、つみたて投資枠で練習をして慣れていきましょう。つみたて投資枠での投資で気をつけていただきたいのは、できるだけ長い期間積み立てて、分配金を再投資して、複利の恩恵を受けることを目指すということです。とりわけ大事なのは、分配金を再投資するという点にあります。

積み立て投資のパワーは“再投資”が生む！

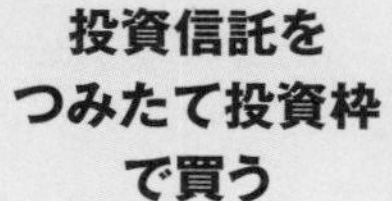

分配金を
再投資して
元本に組み込む

➡

長い期間投資を
続ければ
複利が生まれる！

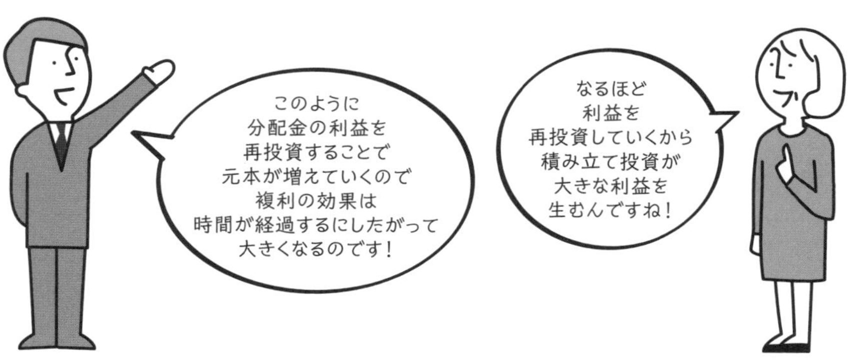

投資信託で上がった利益を再投資することで、最初に投資した金額である「元本」に組み込んでいくと、元本が増えるので毎年の利益も雪だるま式に増えていくことになります。ですから、利益はできるだけ再投資するように設定しておきましょう。月３万円を積み立てていく場合、利回り３％で５年運用したら利益は13.9万円、20年運用したら264.9万円にまで膨れ上がります。これは利回りが変われば変動しますので、積み立て購入中は、その投資信託の利回りをチェックしてください。

つみたて投資枠で売買する時のポイント

年間投資上限額を忘れずに

新NISAつみたて投資枠

年間投資上限枠
120万円

毎月投資可能な金額
10万円

長く運用するほど利益が大きくなる

月3万円、利回り3%で
5年運用したら
利益は13.9万円
20年運用したら
264.9万円にまで
膨れ上がる

10 成長投資枠で投資するコツとは？

成長投資枠では株式の個別銘柄を取引することができますが、リスクが大きすぎるので基本的に株式を取引することはおすすめしていません。

新NISAの成長投資枠では、つみたて投資枠では買うことのできない「株式」や「REIT」を購入することができます。ですが、初心者がこれらに手を出すのはやめた方がよいでしょう。株式の個別銘柄、いわゆる個別株を購入するのは資産を形成するという観点に立つと、リスクが大きすぎることが理由です。株式銘柄は種類が豊富すぎ、そもそも銘柄を選ぶ時点で初心者にとってはハードルが高いのです。そして、１つの銘柄に資金を集中させるとリスクが増大することになります。

株式の個別銘柄を買うのは初心者向きではない？

株式銘柄は種類が豊富すぎる

成長投資枠で株式の個別銘柄を買おうと思うとぶち当たるのが「どれを買ったらいいのか」問題。種類が豊富すぎて初心者が選ぶにはハードルが高いのです

株式は値動きが激しい

株式の個別銘柄は、銘柄によっては値動きが激しくなります。投資信託のようなリスクヘッジが利かないので、慎重な選択が求められます

株式は値動きが激しく、証券市場が開いているあいだはずっと変動しているので、心理的にもいったん買ってしまうと値動きが気になってしまう人も多いでしょう。値動きが気になってしようがないというストレスフルな日々を過ごした挙げ句、株価が大きく値下がりしてあなたの全財産が何割も目減りしてしまったら……と考えるとゾッとしませんか？ですから、資産形成のベースは投資信託の積み立て購入であり、相場次第で成長投資枠で**ETF**（上場投資信託）を購入するのがおすすめです。

つみたて&成長投資枠で投資する方法は?

つみたて投資枠と成長投資枠を**併用**する場合は、つみたて投資枠の方を優先するようにし、状況によって成長投資枠を使いましょう。

新NISA制度では、生涯投資枠が1800万円までで、そのうち成長投資枠には1200万円を充てられるのですが、だからといって成長投資枠での投資を優先させるべきではありません。なぜならば、つみたて投資枠は単独で最大1800万円まで使えるので、どちらかといえば、つみたて投資枠の方が資産形成にとって重要な枠であるといえるからです。ただし、一部の人は成長投資枠を使ってETFをスポット購入したりすることはいいと思います。

つみたて投資枠と成長投資枠を併用する時の注意点

つみたて投資枠

新NISAで資産を運用する際、投資の初心者はつみたて投資枠での積み立て投資をベースにしましょう

成長投資枠

成長投資枠を使って株式の個別銘柄やETFを買いたい場合には、全体の比率を考えましょう。

成長投資枠の活用を検討すべきなのは、つみたて投資枠（120万円／年）を使い切れる人、さらに投資額を増やしたいという人です。つみたて投資枠をベースに、もう少しリスクをとった投資をしてみたい、50代など定年が見えてきた年代の人が今までの貯金を投資に回したい（**キャッチアップ**）など、つみたて投資枠以上で非課税投資をするものと考えましょう。積み立て投資で資産のベースはできているので、少し個別株などを試してみたい、というやり方にならば使ってみてもOKです。

個別株には基本的に投資しない

安く買うコツはあるの？

投資信託やETFをできるだけ安く購入するには、購入単価を平均化することができる「ドルコスト平均法」を採用しましょう。

価格が変動する金融商品（投資信託かETFかを問わず）を上手に買うには、どうしたらいいと思いますか？　これからあなたは投資を始めて資産形成を目指すわけですから、できるだけ安く買うことを目指すべきです。価格が変動する金融商品を上手に買う方法は、定額購入法、別名「**ドルコスト平均法**」です。簡単にいえば、「毎月○万円、同じ銘柄を買い続ける」といった感じで、月々決まった金額を買い続ける方法です。

ドルコスト平均法とは？

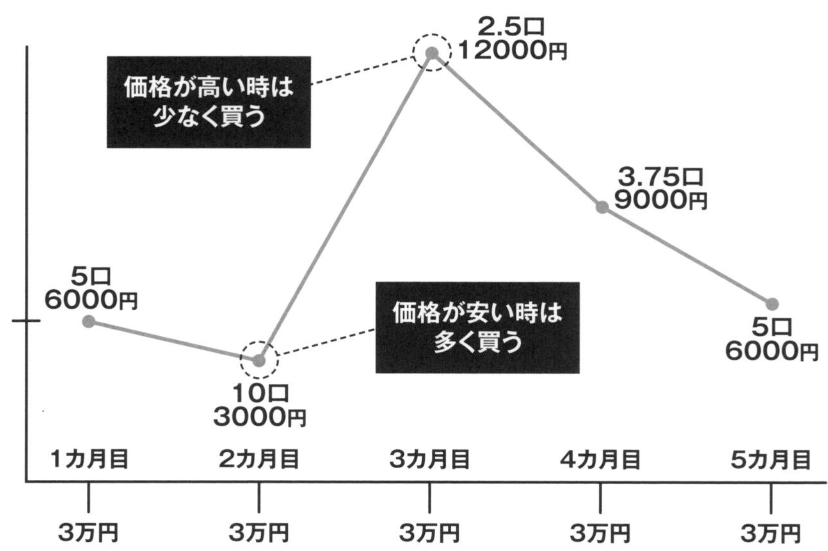

このように、毎月同額を買うことで、購入単価が全体的に抑えられるようになります（詳しくは次ページ参照）

これをドルコスト平均法といい、投資を始める上では絶対に覚えておきたい知識なのです。ドルコスト平均法の何が優れているかというと、下に記したように毎月、その銘柄の時価がいくらであろうと一定額を買い続けることで、結果的に購入単価を下げることができる点です。時価が高い月も１万円、時価が安い月も１万円と買い続けるので、高い時は少なく、安い時は多く買うことができるため購入単価が下がるわけです。ところが、定量購入法（毎月一定の量を買う方法）では、高い時にも一定量、安い時にも一定量なので単価が安くならないのです。

定量購入法を使うと結果的にお得ではなくなる

1カ月目	2カ月目	3カ月目	4カ月目	5カ月目
6口	6口	6口	6口	6口
3万円	2.4万円	7.2万円	4.8万円	3万円

ドルコスト平均法の1口当たり取得単価	定量購入法の1口当たり取得単価
15万円÷25.75口=5825円	20.4万円÷30口=6800円

別の金融機関に変更する場合はどうするの？

もし、いったん開設したNISA口座を変更したくなったらどうすればいいのでしょうか。ここでは変更手続きのルールと手順を説明します。

もしかしたら、新NISAの口座を開設した後に、その金融機関に希望の商品がなかったことに気づいた……という人もいらっしゃるかもしれません。NISAの口座は国民１人につき１口座（１金融機関）という決まりがありますので、その開いてしまった口座を別の金融機関に変更しなければなりません。それでは、どのようにすれば金融機関を変更できるのでしょうか。まず、大原則としてNISA口座の金融機関の切り換えは**1年ごと**にできるということを覚えておきましょう。

NISA口座を別の金融機関に変更したい時は?

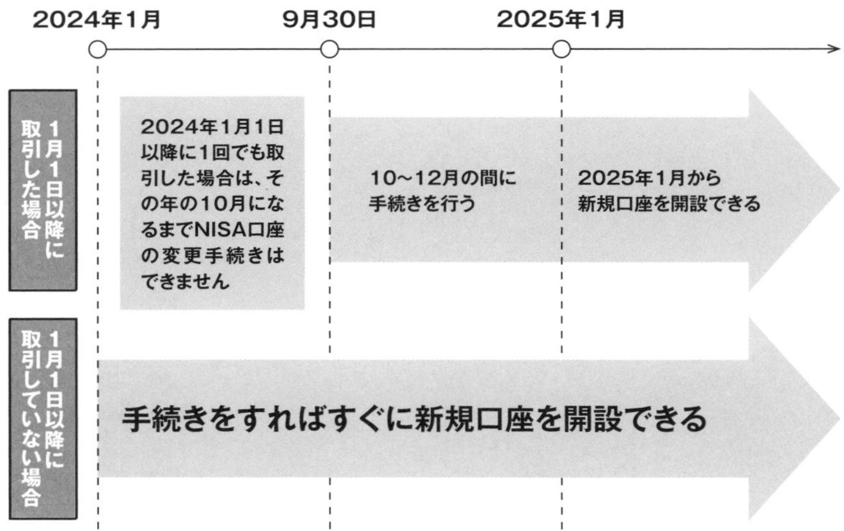

NISA口座は1人につき1口座で、なおかつ一度開設してしまうと1年ごとにしか口座を変更することができません。また、上記のように変更できる期間が決まっています

口座の変更手続きの期間は、変更を希望する年の前年の10月からその年の9月までと限定されています。加えて、その年の１月１日以降に一度でもその口座で取引をした場合は、その年分の口座変更はできなくなります。取引を一度でもした場合は、10月１日以降に手続きを行うことで、翌年から口座変更が可能です。詳しくは前ページの図を参照してください。また、口座の変更手続きは非常に手間がかかりますので、できれば最初の段階でよく調べてから口座を開設しましょう。

NISA口座は複数開設できるの？

NISA口座を複数持つことはできませんが、複数の金融機関で開設手続きを行うことはできます。どちらが有効になるのでしょうか。

これまでに何度かお伝えしてきたように、新NISAの口座（現行のNISAも同様）は、国民**1人につき1口座**（1金融機関）しか開設することができません。しかし、ほぼ同時期に別の金融機関にNISA口座開設の申請を行うことは可能です。もし、あなたが複数の金融機関で同時期に口座開設の手続きを行ったら、どうなるのでしょうか。金融機関では、NISA口座開設の申し出があると、税務署に対して「非課税適用確認書の交付申請書」を提出します。

NISA口座はいくつ開設できる？

1人につき1口座が原則

NISA口座

NISA口座は非課税という優遇制度ですから、1人で複数の口座を持つことは認められていません

もし、2つの口座開設を申請したら？

どっちにも口座開設手続きをしてしまったのだけど……

開設

金融機関A

金融機関B

気に入った金融機関が後から見つかるなどして複数の金融機関にNISA口座の申し込みをしてしまう人もいます。そうなってしまった場合はどうなるのでしょうか？

金融機関が単独でNISA口座開設を決定するのではなく、金融機関が税務署に書類を提出して、それが受理されないと開設できない仕組みになっているのです。仮に複数の証券会社AとBで、あなたがNISA口座開設の手続きを同時期に行った場合、それぞれの証券会社が税務署に上記書類を提出して打診をします。この時、「税務署で先に書類が処理された方」が有効となってNISA口座が開設されます。そして、もう一方は課税口座として開設されてしまうので注意してください。

複数の金融機関に申し込みをしてしまうとどうなるのか

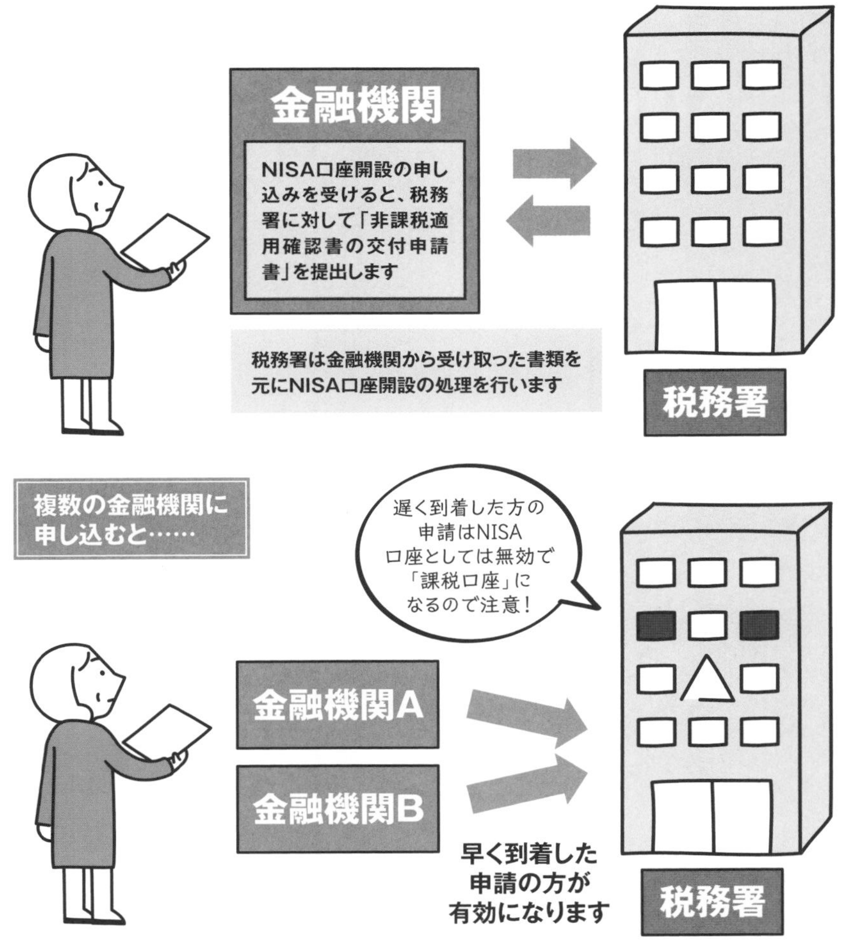

Chapter 4

投資1年生のための新NISA戦略

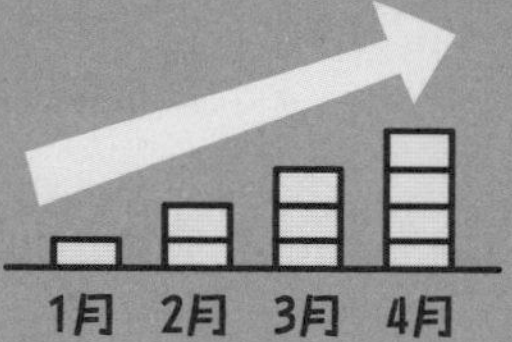

投資初心者が選ぶべき選択は一択。
この方法で資産をカンタンかつ安全に増やせます。
投資の黄金ルールをぜひ学びましょう。

はじめての積み立ては「投資信託」一択！

新NISAで投資をするなら、資金の大小を問わず「投資信託」を買うこと、それも積み立てで買うことをおすすめします。

あなたがこれから始める新NISAの投資が月々3000円投資であれ、もっと大きな額の投資であれ、私がおすすめする金融商品は「投資信託」の一択、そして、買付方法は「積み立て」の一択です。世の中には、実に多くの金融商品が存在しています。しかし、数ある金融商品の中で投資初心者が手を出していいのは投資信託だけだと断言してもいいと思っています。なぜ、投資信託一択なのか。その理由を説明します。

はじめての投資は「投資信託」をすすめる理由

投資信託

- 分散投資になり、リスクヘッジができる
- 少額から積み立て購入できる
- 投資の専門家が厳選した商品の組み合わせ

投資信託は、不特定多数の投資家から集めた資金を、投資のプロが株式や債券などさまざまな投資対象に投資をする金融商品です。つまり、投資信託とは投資のプロが組み合わせた「詰め合わせ」のようなものなので、それだけで分散投資になるのです。分散投資とは、複数の資産（銘柄）に投資することで、そのうちのどれかが値下がりしても別の資産（銘柄）が値上がりしていることで全体としてリスクヘッジができるという投資手法です。しかも新NISAで買える投資信託は**金融庁**の課す基準を満たしたものだけですから、初心者には絶対におすすめなのです。

投資信託は「幕の内弁当」を買うようなもの？

個別株を買うのは おかずを単品ずつ買うのに似ている

今日の夕飯を
スーパーでお買い物
しよう

一品ずつ
買ったらすごい
高かった……

数多（あまた）ある個別の株式から銘柄を選ぶのは、スーパーでおかずを買うのに似ています。1つずつ買うので予想外に高くなってしまいます

投資信託を買うのは 幕の内弁当を買うのに似ている

お弁当

投資信託は、いろいろな金融商品の詰め合わせのようなもの。しかも、全体で損をしないように専門家が商品を選んでくれています。これは、さまざまな具材の入った幕の内弁当を買うのに似ています

KEY WORD → ☑全世界株式インデックスファンド、全米株式インデックスファンド、新興国株式インデックスファンド

安全に資産を増やすには この3種類だけ見ればいい

新NISAで安全に資産を増やすには、３つの投資信託を買いましょう。とりあえず初心者は、この３つを買っておけば問題ありません。

初心者が投資を始めるには投資信託一択だと伝えましたが、投資信託と一口にいっても、世の中にはたくさんの種類があります。その中から何を選べばいいのかと途方に暮れてしまう人も多いのではないかと思います。しかし、そんな心配はご無用です。投資信託で「後悔しない」「買うべき」ものは以下の３つです。①**全世界株式インデックスファンド**、②**全米株式インデックスファンド**、③**新興国株式インデックスファンド**です。これらを積み立てで買ってください。

投資信託に迷ったらこの3種類を買っておけば間違いなし！

❶全世界株式 インデックスファンド

例:楽天・全世界株式インデックス・ファンド、SBI・V・全世界株式インデックス・ファンドなど

❷全米株式 インデックスファンド

例:楽天・全米株式インデックスファンド、SBI・V・全米株式インデックス・ファンドなど

❸新興国株式 インデックスファンド

例:eMAXIS Slim 新興国株式インデックスなど

投資信託で何を買ったらいいか悩んだらこの3種類を買いましょう！ もちろん毎月積み立てるように買ってください

この3つを買っておけばとりあえず間違いはないんですね！

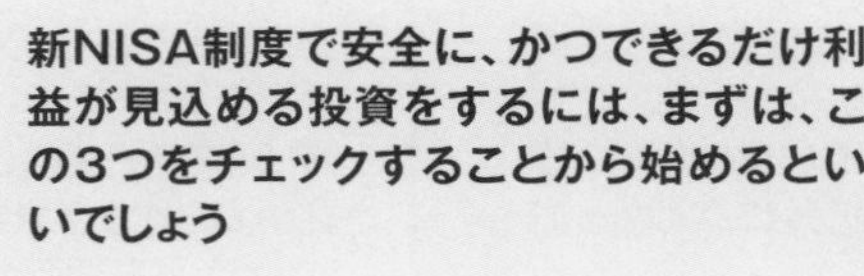

全世界株式インデックスファンドとは、全世界の株式を対象として指数に連動するように運用される投資信託、全米株式インデックスファンドは全米の株式を対象として指数に連動するように運用される投資信託、新興国株式インデックスファンドは新興国の株式を対象として指数に連動するように運用される投資信託のことです。これらをできれば①を６、②を３、③を１の比率になるように買ってください。①②のインデックスファンドは安全性が高く将来性にも期待でき、③は危険性は高いので比率は低めにしますが、今後、成長することも見込めます。

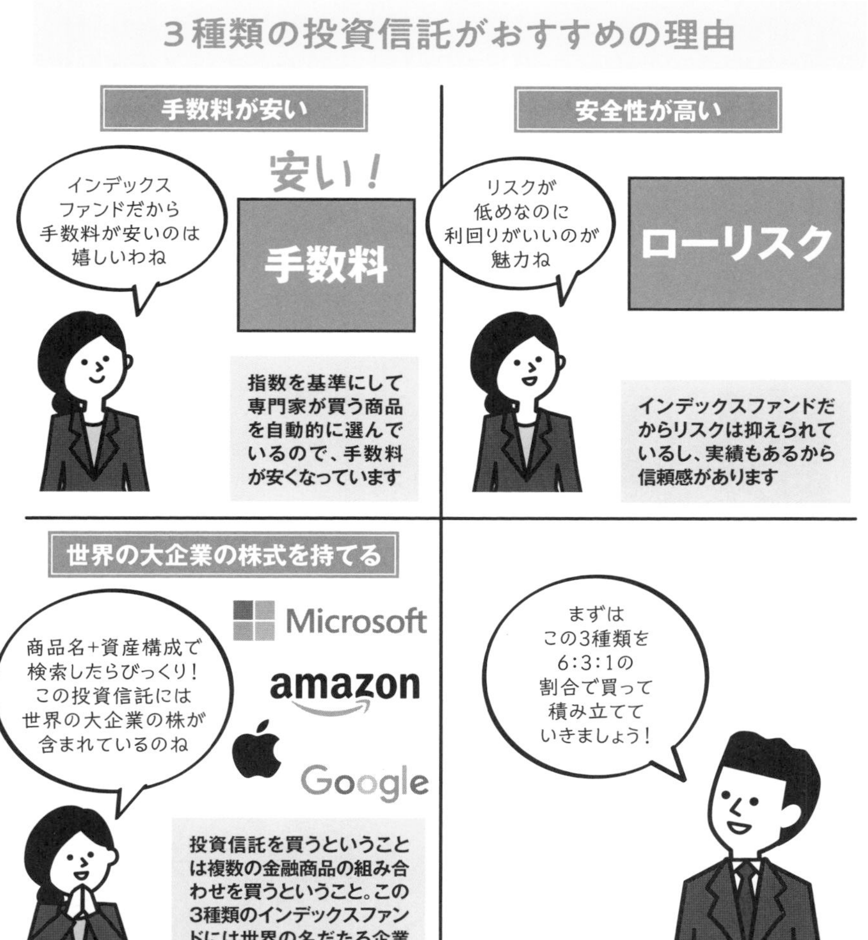

「全世界株式」「全米株式」「新興国株式」の特徴

全世界株式はバランスがよく信頼感があり、全米株式は利回りがよく、新興国株式はリスクは高いが成長が期待できます。

全世界株式インデックスファンドの代表例には、楽天証券が取り扱いしている「楽天・全世界株式インデックス・ファンド（楽天VT）」やSBI証券が取り扱いしている「SBI・V・全世界株式インデックス・ファンド（SBI VT）」などがあります。全世界株式インデックスファンドの魅力は、何といっても世界中の株式が含まれていてバランスがよく、**信頼感**が高いことです。そして、全米株式インデックスファンドは「楽天・全米株式インデックス・ファンド（楽天VTI）」や「SBI・V・全米株式インデックス・ファンド（SBI VTI）」などがあります。

もっとも信頼感のあるのが全世界株式インデックスファンド

全世界株式インデックスファンド	【代表的なファンド】 楽天・全世界株式インデックス・ファンド（通称:楽天VT） SBI・V・全世界株式インデックス・ファンド（通称:SBI VT）

メリット	デメリット
・投資初心者でも一つの商品で世界中の企業に一気に投資できる ・世界中の会社の株式がバランスよく含まれている ・世界中の株に分散投資することができるのでリスクを抑えられる	・バランスがいい反面、大きなリターンは得にくい ・投資先の国や地域の組み入れ比率を変えられない

ほぼ100%アメリカの株式だけで構成されています。全米株式インデックスファンドの魅力は、**利回り**がよいことでしょう。そして、新興国株式インデックスファンドの代表例は「eMAXIS Slim新興国株式インデックス」です。新興国の政情不安などの影響を受けやすいことからリスクは高いものの、**成長**が期待でき、場合によっては大きな利益を上げられるメリットがあります。

やや偏りはあるものの大きな利回りが見込めるファンド

全米株式インデックスファンド

【代表的なファンド】
楽天・全米株式インデックス・ファンド（通称:楽天VTI）
SBI・V・全米株式インデックス・ファンド（通称:SBI VTI）

メリット	デメリット
・利回りがいい ・2023年までは非常に高い利回りを誇っていた ・アメリカの株価と連動しているのでアメリカ経済が好調なら大きなリターンが期待できる	・米国市場の落ち込みの影響を大きく受ける ・ほぼ100%アメリカの株に依存しているのでリスクがある

新興国株式インデックスファンド

【代表的なファンド】
eMAXIS Slim新興国株式インデックス

メリット	デメリット
・今後成長が見込める新興国の株式で構成されているため成長余地がある ・大きなリターンが期待できる可能性がある	・新興国は政情が不安定な国が多く株価が大きく下がる事件が起こるリスクが存在する ・ロシア、ブラジル、インド、中国、台湾、韓国などの株式を含んでおり、ロシアによるウクライナ侵攻などが起こると影響をモロに受けてしまう

投資の黄金ルールは「長期・分散・積み立て」

投資をする際に常に念頭に置いておくべき黄金ルールは、長期・分散・積み立て。なぜこの３つのルールが黄金なのかを説明します。

これから新NISAで投資を始める人たちに、常に念頭に置いておいていただきたい「投資の黄金ルール」があります。それは、「**長期・分散・積み立て**」です。長期とは、できるだけ長い期間、投資を続けること。なぜ長期がいいかというと、短期的な値動きに惑わされずに長期的に続けることで「複利」の恩恵を受けられるからです。複利の秘めているパワーを味方につけなければ、投資で資産を大きくすることはなかなか難しいということを覚えておいてください。

投資の黄金ルールは「長期」「分散」「積み立て」の３つ！

長期

【長期のメリットとは?】
- 一時的な経済環境の悪化、市場の暴落などに惑わされず、精神的に楽に投資ができる
- 長期的に投資を続ければ続けるほど「複利」の恩恵を受けられる

こういった傾向は、日本の株式市場でも米国の株式市場でも見られます

そして、分散とは投資資金を複数の資産（銘柄）に分散投資をすること。分散しておくことで、特定の資産（銘柄）が暴落したとしても、他の資産（銘柄）でカバーできるからです。最後のルールが積み立てです。積み立てがなぜ黄金のルールなのか。それは、少額から投資を始めることができるというのと、時間の分散です。値動きのある商品（投資信託）を買う時、買うタイミングを見極める必要があります。誤って高値掴みをしてしまうリスクもあります。積み立てなら貯蓄も同時にできますし、安い時に多く、高い時に少なく買うということを機械的に実現してくれます。

分散

【分散のメリットとは？】
- 投資先を分散することで、リスクを分散できる
- 1つの金融商品が暴落しても、それ以外でカバーできる
- 投資信託なら、買うだけで分散投資になる

卵を1つのかごに盛るなという格言があるように、分散投資をすることはリスクヘッジになります

積み立て

【積み立てのメリットとは？】
- ある時点でまとまった金額を投資するよりも、毎月同額を積み立てる方が価格が安くなった時に自動的に多く買えるので得ができる
- 投資をするのにまとまった金額を用意する必要がない

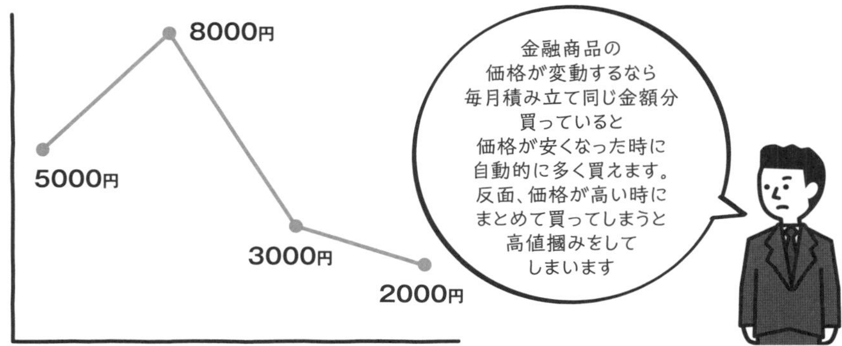

長期的に、分散して、積み立てることが資産を増やす確実な道

プロが教えるおすすめの具体的な銘柄とは?

資金を準備できたのなら、まずは具体的な銘柄を探して、それで月々3000円の積み立て生活を始めてみませんか?

さて、新NISAの口座を開き、資金も証券口座に入金し、いつでも投資ができる状態になったなら、まずはどの投資信託を買うべきか、具体的な銘柄をお教えしましょう。楽天証券で口座を開設する場合を例に、ここでは**楽天VT**と**楽天VTI**を紹介したいと思います。楽天VTとは、世界最高の資産運用会社であるバンガード社が運用しているVT(バンガード・トータル・ワールド・ストックEFT)の購入を楽天投信投資顧問が預託し、私たちにも買いやすくしてくれている商品です。

最初に買うなら楽天VTと楽天VTIがおすすめ

楽天VT

全世界株式インデックス・ファンド 約8800銘柄が対象

楽天VTI

全米株式インデックス・ファンド
約4000銘柄が対象

全世界株式インデックスファンドですから非常に安全性が高く信頼できます。一方、楽天VTIは、VTI（バンガード・トータル・ストック・マーケットEFT）の購入を楽天投信投資顧問が預託し、私たちにも買いやすくしてくれている商品です。全米の株式を対象としているので、VTに比べると安心感はやや劣るものの高い利回りが魅力です。下の表を見ていただくとわかるように、銘柄数はVTの方が上ですが、VTIの方が人気が高いということがわかると思います。また、VTIの方が投資信託の手数料である信託報酬が安いというメリットもあります。まずは、この２つの銘柄を買ってみるのはいかがでしょうか。

楽天VTと楽天VTIの違いは？

	楽天VT	楽天VTI
信託報酬	0.192%	0.162%
実質コスト	0.192%	0.162%
純資産額	3497億円	1兆1043億円
投資対象地域	全世界	全米
銘柄数	約8800	約4000
ベンチマーク	FTSEグローバル・オールキャップ・インデックス	CRSP USトータル・マーケット・インデックス

銘柄数

楽天VT　VS　楽天VTI

楽天VTの方が
銘柄数が多く
全世界の株式を含んでいるので
安心感があります。
一方、楽天VTIはアメリカの株式で
構成されているので
偏りはあるものの
手数料が安く
人気があります

なるほど。
とりあえず
投資信託を買うなら
VTとVTIがおすすめだ
ということを覚えて
おきます！

3000円投資に慣れたタイミングで投資額を増やす

月々3000円投資はあくまでも投資に慣れるためにするものです。いくつかの条件が揃ったら投資額を上げていきましょう。

さて、これまで私は「月々3000円投資生活」というスタイルを皆さんにおすすめしてきましたが、もちろん、これは一生涯、月々3000円で続けるべきという意味ではありません。毎月3000円の投資を何十年続けたとしても、得られる利益はあまり大したものにはなりません。月々3000円の投資は、あくまでも「投資に慣れるため」にするもの。資産を増やすという観点に立てば、月々3000円では少なすぎるため、どこかのタイミングで投資額を増やす必要があります。

3000円投資はあくまでも「きっかけ」にすぎません

毎月3000円だけの投資では、資産を増やしていくという観点に立つと投資額が少なすぎます。そのため、投資額をどこかのタイミングで増やす必要があります

毎月3000円投資を始めて数カ月。慣れてはきたけどいつから額を増やせばいいのやら……？

貯金額

リスク許容度

3000円投資から投資額を増やす時に参考にしてほしいのが「貯金額」と「リスク許容度」です。この2つを基準にして投資額を増やすタイミングを見計らいましょうそれでは、どんなタイミングで投資額を増やせばいいのか。まず、基準にしていただきたいのが、あなたの「貯金額」です。貯金が全然ないという人は、投資にお金を使う前に、ある程度の貯金をしてください。目安は生活費の**7.5カ月分**です。それくらいの貯金があれば、何かあった時に対処することができます。そして、月3000円の投資をしばらく続けてみた結果、どれくらいの振れ幅（特に損失）なら自分は許容できるかを計算してみてください。許容額がわかったら投資額をアップしていきましょう。

あなたは投資額を今すぐ増やせる状態ですか？

貯金があるか？

月収 ×7.5カ月分の貯金

人によっては2年分の月収や3年分の月収がないと不安だという人もいるでしょうから、自分が不安を感じない程度の貯えがあると判断できれば、投資額を増やしてもいいでしょう

リスクを許容できるか？

月3000円投資を続けてみて、値動きをするということを実際に見て、投資額を増やした時にどの程度の振れ幅（特に損失）を許容できるかどうかを考えましょう

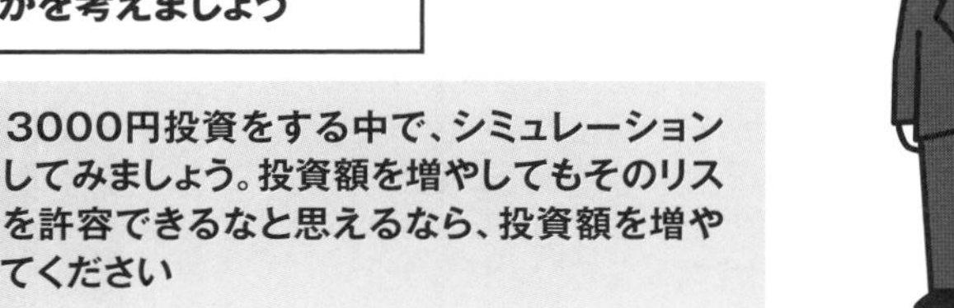
月3000円投資をする中で、シミュレーションをしてみましょう。投資額を増やしてもそのリスクを許容できるなと思えるなら、投資額を増やしてください

ベストな年間投資額を考える方法

投資を続けていく上でのベストな年間投資額は、それぞれの家計状況と年齢を基準にして、無理のない範囲で決めましょう。

新NISAで投資を始めてみたはいいけれど、１年間にどれくらい投資に使っていいのかがわからない……という人もたくさん出てくると思います。投資をする上でのベストな年間投資額は、だいたいいくらくらいなのでしょうか。ベストな年間投資額は、人によって違います。ある人は100万円以上使ってもいいですし、ある人は50万円以下がベストな場合もあります。それでは、どういった基準で年間投資額を決めるべきか。答えは、**家計状況**と**年齢**です。

自分にとってベストな年間投資額はどう考える?

投資のすごさがわかったので投資額を増やしたいけど1年間にどれくらい投資に回すのがベストなんだろう?

＋

40代 会社員
女性
家族構成:
夫、子ども2人

年齢

ベストな年間投資額を決めるにはこの2つの基準を使って考えましょう!

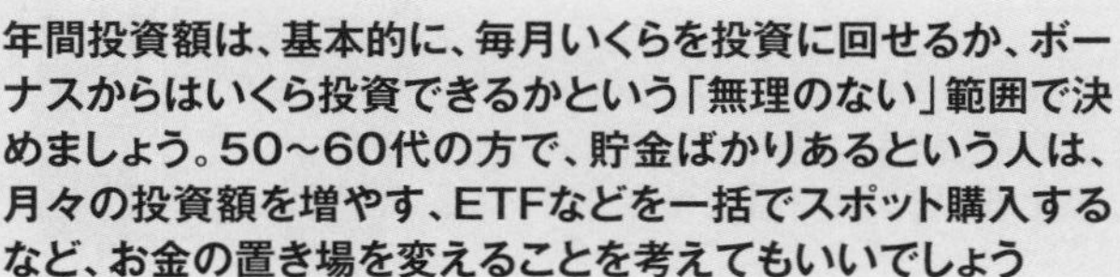
年間投資額は、基本的に、毎月いくらを投資に回せるか、ボーナスからはいくら投資できるかという「無理のない」範囲で決めましょう。50~60代の方で、貯金ばかりあるという人は、月々の投資額を増やす、ETFなどを一括でスポット購入するなど、お金の置き場を変えることを考えてもいいでしょう

若くて貯金が十分にないのなら、貯金に回すお金の一部で投資を併走させましょう。逆に3000円から投資を始めてみて、家計状況が比較的余裕があるなら投資額を増やしてもいいでしょう。そして、年齢的にこれから子どもが大きくなっていくなら投資と貯金はバランスをとりながらがいいでしょうし、すでに子どもが大きくなって独り立ちしていて、貯金は最低限で十分ということでしたら、投資額を増やしてもいいでしょう。また、投資は長く続ける方がいいですが、すでに50〜60代の人は、ゆっくりしていると運用期間が確保できなくなるので、家計に余裕があるなら月々の投資額は思い切って大きく増やすこともアリだと思います。

70歳までに1800万円投資する

対象年齢	年数	年間投資額	月額投資額
20代	50年	36万円	3万円
20〜30代	40年	45万円	3.75万円
20〜40代	30年	60万円	5万円
20〜50代	20年	90万円	7.5万円
すべて	10年	180万円	15万円
すべて	5年	360万円	30万円

若い頃に投資を
始めておく方が
リスクを分散できます。
逆に年齢を重ねてから始めると
短い期間に一気に
投資にお金を注ぎ込む
ことになるので
高値掴みをしてしまう
可能性があります

なるほど。
この図を見ると
よくわかりますね。
できるだけ積み立てをすることで
リスクを分散して
長い期間投資したい
ですね

08 ライフプランに合わせて年間投資額を決める

最大限に複利を得るために、できるだけ早く限度額まで投資するべきという意見がありますが、実は必ずしも正しいとはいえません。

年間投資額は、それぞれの**ライフプラン**を元に決めましょう。ライフプランとは、人生計画（人生設計）のこと。既婚か独身か、子どもはいるのかいないのか、子どもは何人いるのか、親と同居しているのか、その親は健康かどうかなど、さまざまな要因が私たちのライフプランに影響を与えています。年間投資額は、今後必要になる金額が作れることを目標に設定していけばOKです。何がなんでも早く1800万円の上限に到達しなければと焦る必要はありません。

年間投資額は、それぞれのライフプランで柔軟に決める

私は夫がいて
これから子ども2人の
養育費もかかるんだけど
なるべく早く1800万円の
上限まで投資
するべき？

40代 女性
家族構成：夫と小学生の子ども2人

新NISAに関する一部の意見

新NISAが始まったら月々30万円を投資に回し、できるだけ早く上限の1800万円を投資して、長期間持ち続けるのがいい

子どもがいる夫婦と子どもがいない夫婦では、ライフプランが全く異なります。子どもがいるなら教育費がかかる時期には投資額を減らし、子どもが独立したら一気に投資額を増やすのも手です

確かにできるだけ
早く上限まで投資して
長く持ち続けると複利から
得られる効果は
大きくなりますが
年間投資額はあくまでも
それぞれのライフプランに
合わせて決めましょう

巷(ちまた)では「新NISAが始まったら、できるだけ早く積み立てをし、５年で1800万円分の投資信託を買って、後はそのまま持っておけば最大の利益が手に入る」という考えがよく聞かれます。しかし、それは必ずしも正しいというわけではありません。その人その人のライフプランによって、投資計画は柔軟に変えるべきですし、仮にその５年間の投資信託やETFの価格が割高だったら、長い目で見た時に損をするかもしれません。焦らず、それぞれのプランに合わせることが大事です。

売る時もライフプランを意識しよう

ライフプランを実現したり、あなたのどうしても叶えたい願望を叶えるのに現金が必要なら、投資信託を売ることも検討してください。

P120・121では、年間投資額を決めるにはライフプランを意識しましょうというお話をしましたが、投資信託を「売る」時にもライフプランを元に決める方がいいでしょう。ここまで本書を読んでこられたあなたは、「投資信託は複利の効果を得るために一度買ったら絶対に手放さずにずっと持っていなきゃ！」と思っているかもしれませんが、必要な時に使うことも大切です。複利の効果を得るのは大事ですが、それよりも大事なのは、あなたのライフプランが実現することなのです。

新NISAの投資信託は必要なら「売る」ことも選択肢に

従来のNISA	新NISA
いったん投資した金融商品を売っても枠の復活なし	売却した翌年以降に、購入時の金額分の枠が復活する

これまでのNISAは売却してしまうと枠の復活がなかったのでずっと持ち続ける人が多かったのです

でも新NISAなら売却すれば枠が復活するからお金が必要になったら売ってもいいんですね！

枠が復活するようになることで、リターンが大きい時に売却して利益を確定し、それを再投資するという投資戦略も立てられるようになりました

つまり、あなたが「起業したい」「家族とどうしても旅行に行って思い出を作りたい」「子どもたちが塾に行きたがっているから行かせてあげたい」など、あなたの人生をさらに豊かにするための願望を持っている場合、そして、お金があればその願望を実現できるというなら、ライフプランの計画を考慮しながら投資信託を売り、その資金に充ててもいいのです。新NISAなら売った分の枠はちゃんと復活するのですから、どうしても必要なら売るということも視野に入れて考えましょう。投資は、**人生優先**なのです。

こんな時には売却も検討しましょう！

新NISAで投資した分は、あなたのライフプランに合わせ、必要に応じて「売却」することも選択肢に入れておきましょう。ただし、リターンが少ないタイミングで売るのではなく、できるだけ価格が高くなっている時に売ることをおすすめします

ポートフォリオを作って リスクを把握しよう

リスクを把握し、リスクを管理することが、投資の基本です。分散投資を常に心がけるために自分のポートフォリオを作りましょう。

投資をする上で重要なのは、持っている金融商品のリスクを把握することです。投資におけるリスクとは単純に「危険」のことを意味しているのではなく、「不確実性」のことを意味しています。その株が本当に上がるのか下がるのかが不確実である、その不確実性が高い時に「リスクが高い」というのです。そして、自分が持っている金融商品のリスクを知らなければ、思わぬ時に予想外の損失が出てしまうこともあり得ます。常にリスクが高くなりすぎないように管理する必要があるのです。

リスクを把握するためにポートフォリオを意識しよう！

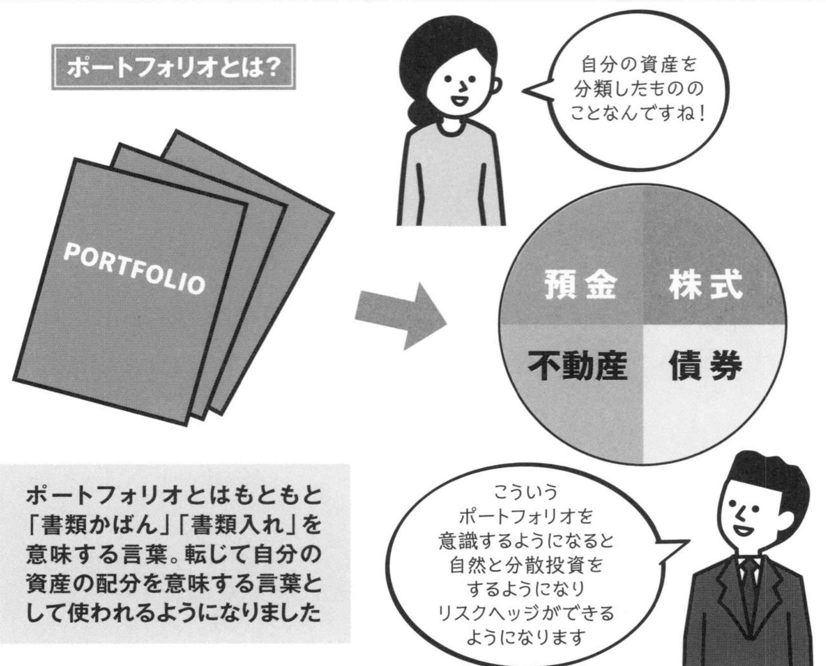

リスクを把握し、管理するためには**ポートフォリオ**を作ることが大切です。ポートフォリオとは、自分の資産の配分を表すもの（下図参照）。何をどれだけ持っているのかを表しています。ポートフォリオを見る時に気をつけるのは、自分が「分散投資がちゃんとできているか」です。１種類の金融商品に偏って持っていると、ハイリスクになりますから分散しなければいけません。ポートフォリオを常に見るように心がけていれば、自然とリスク管理ができるようになります。

ポートフォリオをどう把握すればいいのか？

分散投資を意識しよう

アセット・アロケーションとしても把握する

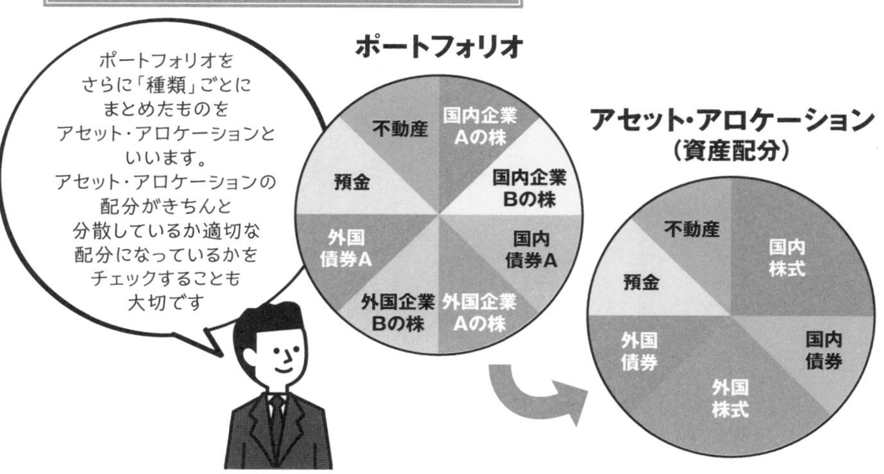

リバランスを知っておこう

ポートフォリオを作ったら、それをただ更新するだけでなく資産比率が変わったなら「リバランス」を検討しましょう。

ポートフォリオは、ただ作って資産配分が変わったら更新していればいいというものではありません。ポートフォリオには「**リバランス**」が必要な場合もあります。リバランスとは、ポートフォリオの資産配分が価格変動によって変わった場合に、その配分を元に戻す行為のことをいいます。下の図をご覧ください。ポートフォリオを構成している一部の価格が値上がって資産比率が変わった時、資産は金融商品Bの影響を受けやすい状態になっています。

リバランスとはこういうこと

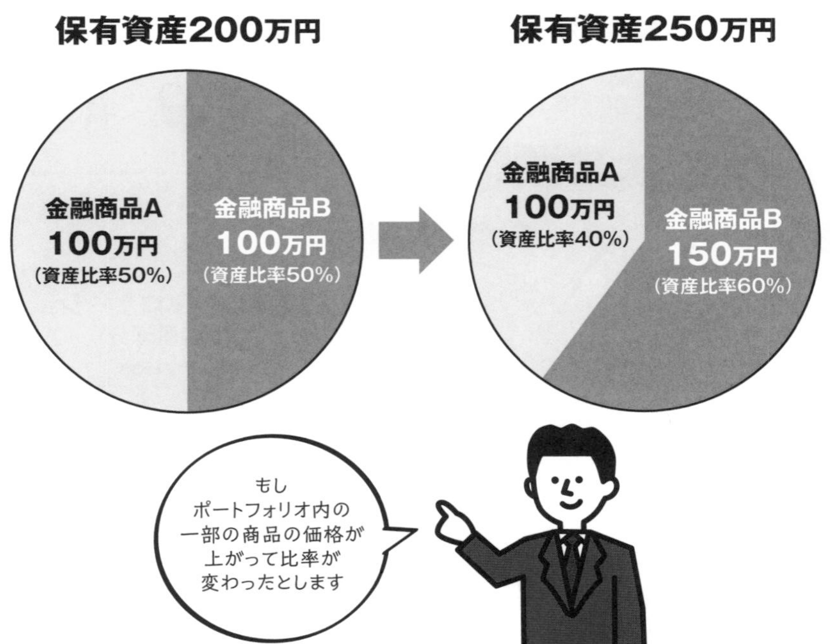

そこで、値上がりした方の一部を売って、比率が下がった方の商品を買い増すことで資産比率を元に戻します。これがリバランスです。リバランスがなぜ必要なのかというと、値上がりした商品を売却して、そうでない方を買い増すと、値上がりした商品が将来的に値下がりしたとしても、トータルでは損をしにくくなるからです（下図参照）。ただ、値上がりしている商品がさらに値上がりする可能性や、値下がりしている商品を安く買って将来的に値上がりしている可能性もあります。つまり、長期的に見ると、自然にリバランスされるという感覚です。ですから、そこまで厳密に考えず、基本は放置していてかまいません。あまり頻繁に変えると、運用成績もわかりづらくなります。年１回程度にポートフォリオチェックと資産比率の確認をし、気になるならリバランスをするくらいで十分でしょう。

保有資産250万円

金融商品A	金融商品B
125万円（資産比率50%）	125万円（資産比率50%）

ポートフォリオは、一度作ったらそのまま放置するのではなく、できれば年に1回は「比率」をチェックして、リバランスが必要ならリバランスをしましょう。やり方は、値上がりした金融商品を売却して、他の金融商品を買い増して比率を元に戻すのです。こうすることで、値上がり分の利益を確保しながら資産全体を増やしていくことができます

12 投資に慣れても個別株には手を出さない

新NISAの投資を始めると、大きな利益を上げられる個別株に手を出したくなるかもしれませんが、絶対にやめてください。

新NISAの投資に慣れてきたとしても、株式の個別銘柄、いわゆる個別株に手を出すのはやめましょう。個別株は、確かに価格の変動幅が大きいので、うまくいった時には投資信託よりも大きな利益を上げられるかもしれません。しかし、それは裏を返せば、うまくいかなかったら大きな損失をあっという間に出してしまう危険性があるということなのです。個別株に手を出してはいけない理由はさまざまありますが、まず１つ目は資金面の理由です。

基本的に株式の個別銘柄に手を出すのはNG

国内株式&米国株式
個別銘柄

株式の個別銘柄は、確かに大きな利益が期待できる可能性もありますが、デメリットもたくさんあります。ここでは、なぜ投資に慣れたとしても個別銘柄に手を出すべきではないのかを見ていきましょう

投資信託は積み立て購入が可能ですから、月々、自分にとって無理のない範囲で投資していくことができます。ところが、個別株は購入できる最低の単元が決まっていますので、ある会社の株を買うのに国内株式であれば最低100株買わなければならないことがほとんどで、最初に**まとまった資金**が必要になります。そのまとまった資金を投資したのに、あっという間に目減りしてしまったということもよくある話です。そして大きく値下がってしまったら、その損失をずっと抱えたままの状態になるおそれもあります。

個別銘柄に手を出してはいけないワケ

まとまったお金が必要だから

大企業の株を
100株単位で
買うとなると
すごいお金が
必要になる……

有名な企業ほど株価が高く、特に国内株式1単元が100株なので最初に用意すべき資金が大きくなり、また、その分、株価が下がった時の損失も大きくなります

塩漬けになるリスクがあるから

買ってから
ずっと下がり
っぱなし！
もうどうしたら
いいの……

買ってから株価が下がり続け、売ることができなくなった状態を「塩漬け」といいます。こうなってしまっては、資産形成どころではありません

正しい情報をつかみにくいから

そもそも
テレビで大々的に
いっている時点で
この情報って
古いんじゃない
かな？

この株は今が
買いですよ！

株に関する情報は世の中に溢れていますが、何が正しい情報かを見極めるのは至難の業。それならむしろ、個別銘柄には手を出さない方がいいでしょう

このように
これから新NISAで
投資を始める人は
個別銘柄に手を出すのは
おすすめできません。
非課税で投資信託を
買えるのですから
投資信託を
買いましょう！

13 つみたて投資枠で投資シミュレーション

新NISAで積み立て投資を30年続けたら、どれほどの利益が増えるのか、具体的にシミュレーションしてみましょう。

新NISAの投資では個別株には手を出さず、積み立て投資の「旨味（うまみ）」を十全に味わいつくしましょう。ここでは、新NISAのつみたて投資枠で積み立て投資をした場合に、どれだけの旨味があるのかについて見ていきましょう。つみたて投資枠の上限は1800万円ですから、毎月５万円積み立てたとしても、その上限に達するまで30年かかります。毎月５万円積み立てるのはちょっと厳しいという場合には、月３万円を30年間積み立てるという計画でも問題ありません。

新NISAはつみたて投資枠での積み立て投資がメイン

つみたて投資枠
（非課税保有限度額 1800万円）

新NISAでの投資は
このつみたて投資枠での
長期的な投資信託への
積み立て投資が
メインになります

つみたて投資枠の上限額まで積み立てようとする場合は、毎月5万円を積み立てたとしても30年かかってようやく上限に達する計算になります。つまり、毎月の積み立て金額がそれ以下だと、上限に達するまで30年以上を要するわけです。また、上限金額以上の投資を行いたい場合は、課税口座を利用しましょう

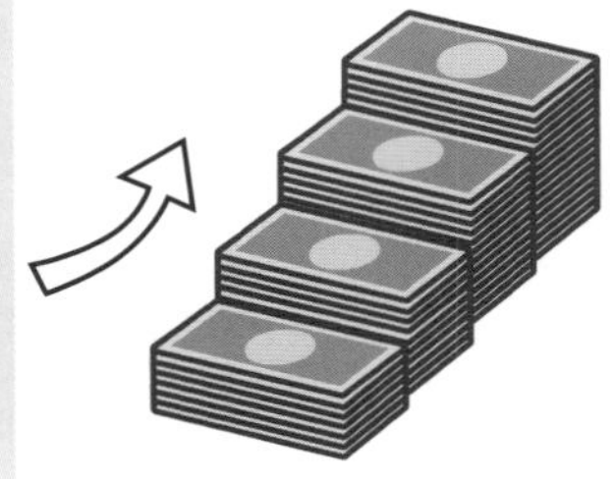

下のグラフをご覧ください。これは、20歳から月３万円の額を年利５％で30年間積み立てた場合のシミュレーションになっています。元本は最終的に1080万円になります。そして、元本と利息を合わせた金額がなんと2496万円になるのです（年利３％の場合は利息+元本は1736万円になります）。もちろん、運用期間中は手数料（**信託報酬**）を考慮していないため、信託報酬が高ければ積み立て金額も減ります。そのため、できるだけ信託報酬の安い商品を選ぶべきなのです。

積み立て投資をシミュレーションしてみる

20歳から毎月3万円を30年間積み立て投資した場合（年利5%の運用）

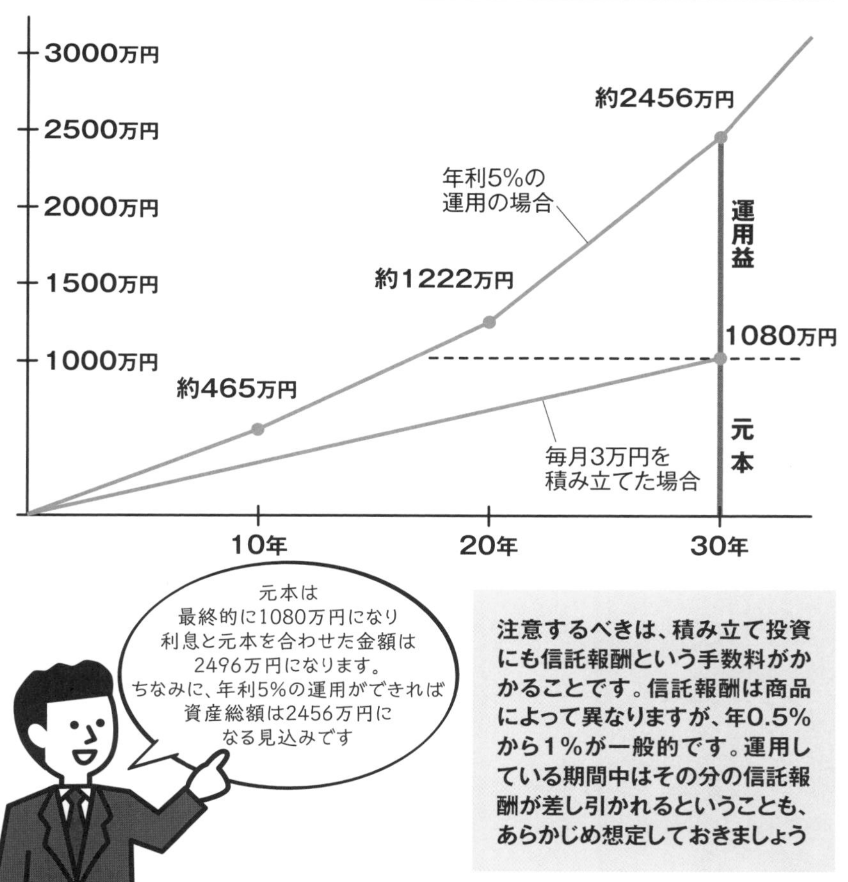

Column

03

新NISAでマイナスになった時はどうしたらいいの？

新NISAで投資を始める投資初心者の多くが、「もし損失が出たらどうしよう？」という不安を抱いているのではないかと思います。

通常の課税口座なら、P56～59でも述べたように「損益通算」をすることができます。投資における利益と損失を通算する、つまりプラスとマイナスを相殺することができるのです。どういうことかというと、例えば５月にある株式の売却で500万円の利益が上がったとします。しかし、10月に600万円の損失が出ました。すると、この利益と損失を相殺してマイナス100万円ということになりますから、利益はなかったということになり、課税されることはありません。

しかし、NISA口座は、元々投資の利息が非課税になるという特例的な優遇措置ですから、この損益通算をすることができません。利益は利益、損失は損失なのです。利益が出たら非課税、その代わりに損をしたら、それをただただ受け入れるしかないということです。

ところが、新NISAの積み立て投資においては、損失をそれほど恐れる必要はありません。なぜなら、本書で紹介している投資は、長い目で見れば損をする確率は低いからです。

もちろん、短期的にはあなたが買った投資信託の基準価額が下がってしまうことはあります。例えば、何らかの政治的・経済的理由による市場の暴落、金融ショックなどが原因で資産価値が急減することがあるわけです。

投資信託は、元々分散投資をしている商品ですから、株式の個別銘柄に比べれば急落しにくいですが、投資信託とはいえど市場暴落・金融ショックなどから影響を全く受けないというわけにはいきません。なぜなら、投資信託を構成している各株式の価値が下がっているので、トータルで見たら投資信託そのものの価値も下がってしまうということがあるからです。

しかし、投資信託の基準価額が下がったとしても、それは一時的なものです。相場というものは、例えばリーマンショックのような歴史的な大暴落が起きたとしても、だいたい5年もすれば元の水準に戻るのが普通です。そして、しばらくすれば、リーマンショック以前よりもさらに高い水準へと上がってきているのです。これは、リーマンショックに限らず、これまでの金融ショック、大恐慌、大暴落などに共通している現象です。

ですから、あなたの投資信託が一時的に下がってしまったからといって、慌てて売却してしまうと数年後には後悔する確率がきわめて高いということを知っておいてください。回復するまでの期間も、歯を食いしばって積み立て続けていれば、市場が回復した後にものすごく大きな利益に育っているかもしれないのです。一時的な急落に驚いて売ってしまったら、それはただの損。しかし、売らずにいたら大きな利益への踏み台になるかもしれないでしょう。

Chapter 5

成長投資枠の活用で攻めの投資をしよう

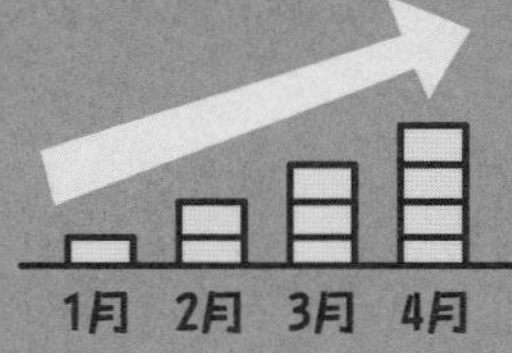

投資に慣れてきたら攻めの投資をするのも一手。
ポイントはいかにリスクを抑えるかです。
ここではおすすめの戦略をお伝えします。

投資に慣れたら新NISAの成長投資枠も利用する

積み立て投資に慣れてきたなら、相場次第で成長投資枠でETFを買ってみましょう。買い方は一括購入です。

本書を読んでいる皆さんの中には「新NISAには、せっかくつみたて投資枠と成長投資枠の2つがあるのだから、成長投資枠の方も使いたい」という人もおられるかもしれません。私としては、基本的に積み立て投資がもっとも堅実に資産形成ができる方法なので、そちらを優先するべきだと思いますが、成長投資枠も「一定の条件を満たしているなら」使ってもいいのではないかと考えています。では、その条件とは何か? まず、つみたて投資枠の年間投資上限以上を投資に充てられる人。

成長投資枠を使うのは投資に慣れてきてから!

つみたて投資枠 上限1800万円	成長投資枠 上限1200万円

次に、投資に慣れた人です。さらに、すでにこれまでに投資をしたことがあってリスク許容度が高い人や資金に余裕がある人です。こういう人はコツコツ積み立て投資に加え、成長投資枠の利用を検討してみてください。ただし、成長投資枠で買うのは個別株ではなくETF（上場投資信託）にしましょう。成長投資枠では**一括購入**ができますので、割安な時にETFをベストなタイミングで一括購入というのが最善です。

成長投資枠を使って投資する時の注意点

成長投資枠を使うべきなのは、こんな人

成長投資枠で買うのはETF

ETF は上場しているとはいえ、あくまでも投資信託。株式の個別銘柄よりもリスクが低く、なおかつリアルタイムで価格が変動しているので、低いタイミングで一括購入できれば非常にお得なのです

成長投資枠では ETFを買おう

成長投資枠での投資をしたいなら、ETF一択です。なぜなら、ETFは個別株と投資信託のいいところを合わせたような商品だからです。

P136・137でも説明しましたが、成長投資枠を使った投資をするなら個別株ではなくETF（上場投資信託）を買いましょう。ETFは、インデックスファンドの一種であり、個別株のようにリアルタイムに市場価格が変動するという特性があります。つまり、投資信託を個別株のように売買の価格を自分で決めて、リアルタイムで売買できます。個別株と投資信託のいいところが合わさったような商品なのです。成長投資枠を使うなら、このETFを一括購入しましょう。

ETFは一括購入がおすすめ！

ETF
（上場投資信託）

投資信託の一種ですが
市場に上場しており、リアルタイムで
価格が変動します

× 積み立て購入

○ 一括購入

一括購入のタイミングは、そのETFができるだけ安くなっているタイミング。ですから、買う前にチャートをよく見て、そのETFが割高なのか割安なのかがわからなければいけません。また、外国のETFを買うと、通貨の**リスクヘッジ**にもなります。為替の勉強をしている人は、通貨と海外ETFとの関係性を見ながら買うタイミングを計るのもアリだと思います。P136・137の条件を満たしている人でETFを買ってみたい人は２、３回買って練習してから試すといいでしょう。

ETFを成長投資枠で購入する際の注意点

03 予算や時間がない人はETFで攻めの投資をする

予算と時間がない人に限っては、大きなリターンを期待する「攻めの投資」を成長投資枠でしてみてもいいでしょう。

成長投資枠を使って投資をしていいのは、「つみたて投資枠以上の投資ができる人」「投資に慣れた人」「資金に余裕がある人」と述べてきました。しかし、「もう少し効率よくお金を増やすために成長投資枠を使いたい！」という人はいらっしゃると思います。例えば、そもそも月々の投資額だけでは将来が不安なので大きな**リターン**が得られるかもしれないETFでリスクを取りたい人。あるいは、これから積み立て投資をするには時間がないので多少リスクが高くてもETFで大きなリターンを目指したい人。

成長投資枠はこういう時に使う

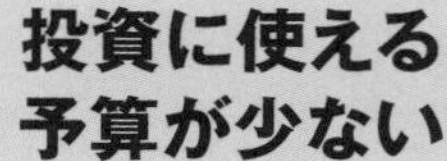

and

積み立てている
時間的余裕がない

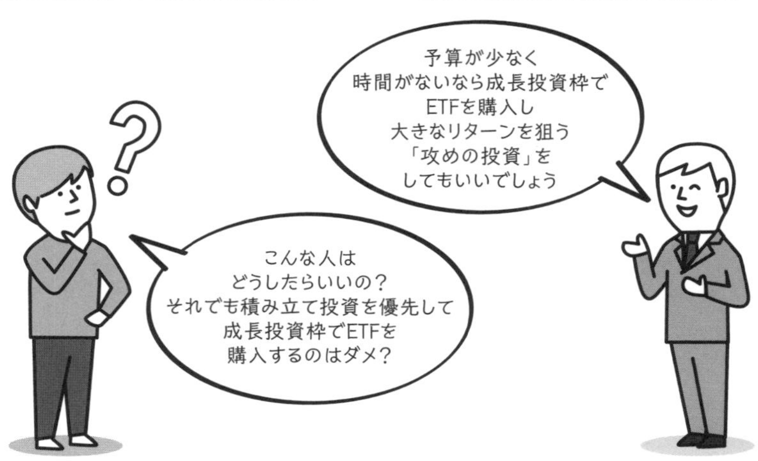

どちらの人も、成長投資枠でETFを購入するリスクを承知の上でなら「攻めの投資」にチャレンジしてみてもいいと思います。そして、ETFを買うなら、P142・143でさらに詳しく説明しますが、VTやVTIなどの銘柄がおすすめです。これらは世界最大規模の資産運用会社バンガード社が開発したETFで、VTのチャートを見ていただければ、コロナ前に買っていれば、この数年間で非常に大きな利益を獲得できていたことがわかると思います。ETFを買うならVTとVTIが狙い目です。

ETFのおすすめ銘柄"VT"は右肩上がり！

海外ETFのおすすめは「VT」と「VTI」

VTとVTIは、世界最大の資産運用会社バンガード社が個人投資家の利益のために作り出したものです。必ずチェックしましょう。

P140・141でも紹介したバンガード社が開発したETF（上場投資信託）である**VT**と**VTI**とはどんな商品なのか、もう少し詳しく見ていきましょう。VTは「バンガード・トータル・ワールド・ストックETF」の略称で、楽天・全世界株式インデックス・ファンドの大元です。そして、VTIは「バンガード・トータル・ストック・マーケットETF」の略称で、楽天・全米株式インデックス・ファンドの大元ということになります。これらはバンガード社が作った信頼性の高いETFの銘柄です。

海外ETFでダントツでおすすめのVTとVTIとは?

VT	VTI
【正式名称】 Vanguard Total World Stock Index Fund ETF バンガード・トータル・ワールド・ストックETF	【正式名称】 Vanguard Total Stock Market Index Fund ETF バンガード・トータル・ストック・マーケットETF

元々、VTとVTIはバンガード社の創業者ジョン・ボーグル氏が、一般の個人投資家たちが、証券会社が高い手数料を稼ぐために不要な株式売買を繰り返させられている状況を憂い、真に一般の個人投資家の利益になる金融商品を開発したいという思いから作り出した投資信託です。バンガード社の運用資産は2021年末時点で約8.5兆ドルとなっているので、全世界から信頼されている会社であることがよくわかると思います。ETFを買うなら、ぜひVTとVTIをチェックしましょう。

VTとVTIのすごさとは?

世界ではじめて個人投資家のために作られたインデックスファンド

バンガード社創業者
ジョン・ボーグル氏

バンガード社のインデックスファンドは、市場の平均値に連動させることで、コストを低く抑え、ローリスク・ローリターンを実現しています。現在、アメリカの投資信託の約20%以上がインデックスファンドであり、バンガード社の運用資産総額は約8.5兆ドルといわれています

VTとVTIのデメリットを補うのが楽天とSBIの商品

- リアルタイムで取引ができるのはアメリカの証券市場が開いている時間だけ
- 分配金の再投資が自動的に行われない
- 為替の変動がETFの市場価格に影響を与える
- 少額から買うことはできない

こうしたデメリットのあるVTとVTIを日本人にとって買いやすいものにしたのが「楽天VT」と「SBI VT」、「楽天VTI」と「SBI VTI」といった投資信託なのです

05 VTやVTIのメリットは信託報酬が安いこと

信託報酬が高いと分配金からその分が引かれてしまいます。VTとVTIは圧倒的に信託報酬が安いというメリットがある、おすすめ商品です。

VTとVTIには、大きなメリットがあります。それは「信託報酬（実質的な手数料）」が安いこと。これまでにもお伝えしましたが、信託報酬が高いと、積み立て投資で利益が出たとしても信託報酬分だけ利益が減ってしまいます。そのため、信託報酬を安く抑えることが、あなたの利益を増やすことにつながるのです。投資信託には、信託報酬の他、購入時手数料、信託財産留保額などの諸費用がかかります。これらの**コスト**をできるだけ低く抑えることが重要です。

信託報酬を抑えないと利益が出ない？

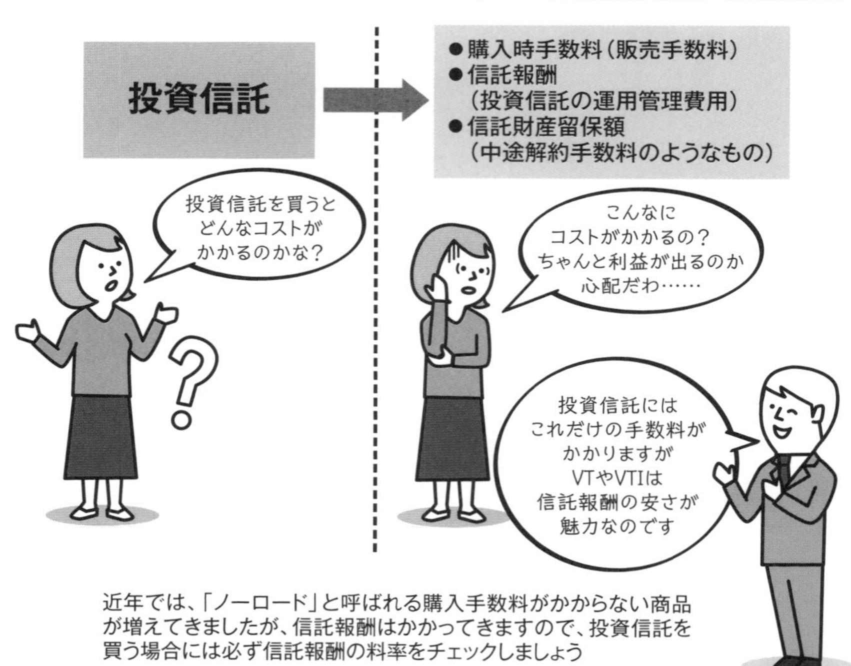

近年では、「ノーロード」と呼ばれる購入手数料がかからない商品が増えてきましたが、信託報酬はかかってきますので、投資信託を買う場合には必ず信託報酬の料率をチェックしましょう

そして、VTとVTIのメリットといえば、この信託報酬が圧倒的に安いということ。下に、VTとVTI、そして、楽天証券が販売しているVTである楽天VTと、SBI証券が販売しているSBI VTの信託報酬を記しましたのでご覧ください。いずれも信託報酬がとても安いことがわかると思います。ETFを買うなら手数料も見て銘柄を選びましょう。

VTとVTIの信託報酬は圧倒的に安い！

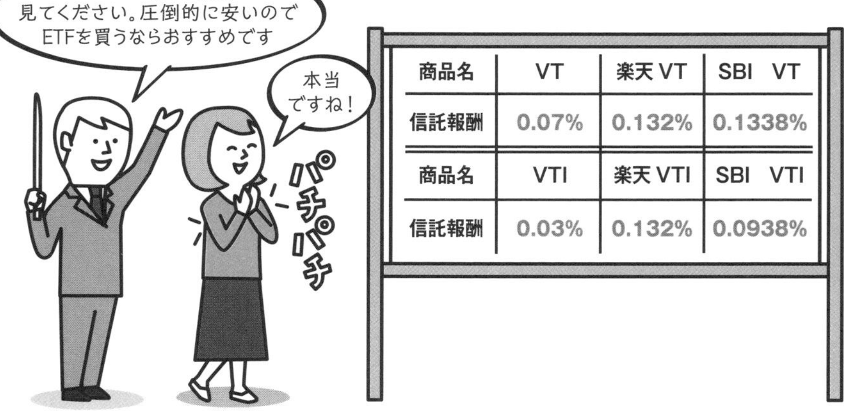

商品名	VT	楽天 VT	SBI VT
信託報酬	0.07%	0.132%	0.1338%
商品名	VTI	楽天 VTI	SBI VTI
信託報酬	0.03%	0.132%	0.0938%

ETFはこのタイミングで買うのがベスト

ETFを一括購入するなら割安な時を狙うのがベスト。「いつが割安か？」を見抜くには、日頃からチャートを見るようにしましょう。

成長投資枠でETF（上場投資信託）を一括で購入すると決めたら、次に決めなければいけないのは「買うタイミング」。ETFは、株式と同じくリアルタイムで**価格**が変動していますので、いつが買い時なのかをつかむのが難しいものです。ここでは、ETFの買い時についてご説明します。まず、当然ながらETFの買い時をつかむためには「チャート」を見るようにしましょう。チャートとは、値動きをグラフで表わしたグラフのことです。チャートを見ないと買い時をつかむことはできません。

ETFはどのタイミングで買うべき？

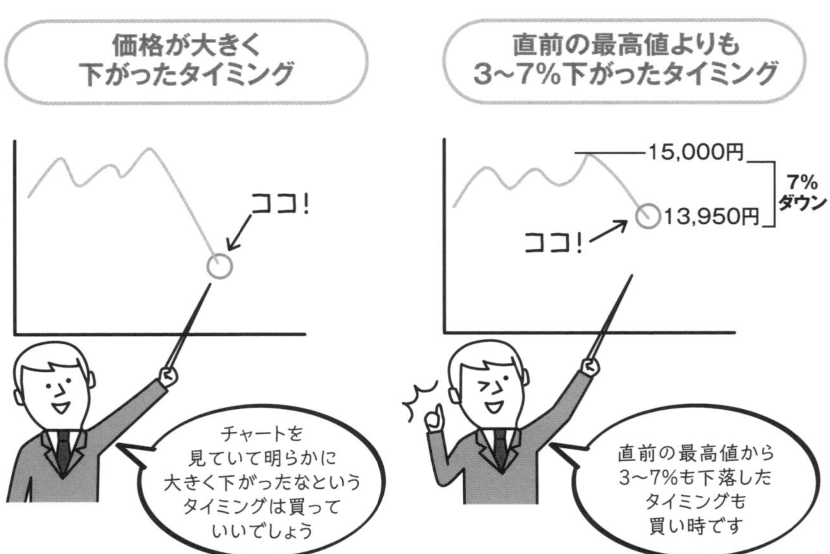

投資の初心者ほど、チャートを見て価格が上がっている時に「もっと上がっていってしまうかも？」と不安になって、高値掴みをしやすいものです。ETFはただ、上がっている時に買うのではなく、下がった時に買う商品です

ETFを買うタイミングは、大きく分けて２つ。まずは、価格が大きく下がったタイミングです。チャートで見ていてかなり大きく下がったと思ったら、その時に買います。次に、直前の最高値(さいたかね)よりも３〜７％下がったタイミングです。とにかく「下がった時」に買うようにしてください。価格が上がっていると、「このまま上がり続けてしまうのはないか？」と不安に駆られて上がっている時に買う人がいますが、それは危険です。必ずいったん下がった時に買うようにしましょう。

ETFを買う方法（前編）

ETFを一括購入するための具体的手順を楽天証券を例にしてご説明します。これを読めば誰でもカンタンかつお得にETFを買うことができます。

Chapter 3のP84～87では、NISAの口座開設の手順と投資信託の購入方法を説明しましたが、ここではETF（上場投資信託）の一括購入方法について説明したいと思います。楽天証券で楽天VTや楽天VTIを買う時の手順を例にします。証券会社ごとに若干手順が異なるかもしれませんが、大筋はだいたい同じだと思ってください。まず、楽天証券にログインしたら、右上の検索窓のプルダウンメニューで「米国株式」を選びましょう。そして、そこに「VT」あるいは「VTI」を入力します。

ETFをお得に買う方法　その①

すると、下図のような買い注文画面が出てきます。買い注文画面では、まず数量を指定します。１口（１株）いくらなのかを確認するとともに、あなたの口座に入っている金額でそれが買えるのかを確認しましょう。次に、注文方法を選びます。注文方法は、「**指値**（さしね）」と「**成行**（なりゆき）」から選びます。「逆指値」はここでは割愛します。指値とは、指定した価格に到達したら自動で買ってもらう注文方法。成行とは、価格を指定せずに今の価格で即座に買い注文を出してもらう注文方法です（といっても、すぐに売買が成立するとは限りません）。どちらにもメリットとデメリットがありますので、よく考えて選びましょう。

買い注文画面で注文方法を選ぶ

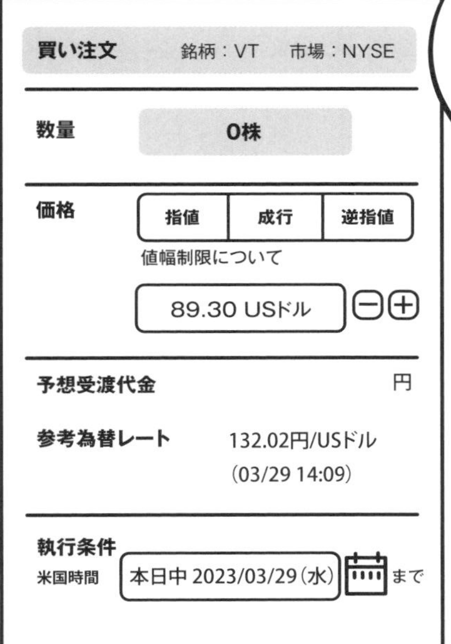

この画面でまず重要なのは注文方法。価格というところに「指値」「成行」「逆指値」という3つの方法が並んでいるので、その中から「指値」か「成行」かを選びましょう。指値とは買う時の「上限」、売る時の「下限」の値をあらかじめ決めておき、価格がその値にまで下がった（上がった）時に自動で売買注文が出される方法です。一方、成行はその時点の価格で売買注文を出す方法になります

成行のメリットは
価格がいくらであっても
必ず注文が成立すること。
ただし、成立した価格が自分の想定と
違ってしまうことがあります。
また、指値のメリットは自分の想定の価格で
売買注文が成立する反面、予想に反して
価格が逆方向に動いてしまった場合
指値注文が成立せず、売買ができない
場合があります

なるほど。
自分の状況に応じて指値か
成行かを使い分けた方がいいんですね。
とにかくいくらでもいいからすぐに
欲しい時は成行、このラインは
譲れないという価格があるなら
指値がいいんですね！

ETFを買う方法（後編）

海外のETFを買う場合、購入する通貨を選ばなければなりません。上級者向けですが、為替差益を利用して購入する方法もあります。

さて、ETF（上場投資信託）の一括購入の方法の説明を続けます。買い注文画面で注文方法を「指値」か「成行」のうちから選んだら、数量を選んでいることを確認します。数量は、＋と－のボタンで増やしたり減らしたりすることができますので、欲しい数量を入力します。数量が決まったら、口座区分を選びます。口座区分は、楽天証券の場合は「特定」「一般」「NISA」の３つが表示されていると思いますので、必ず「NISA」を選んでください。これは通常の投資信託購入の時と同じです。

ETFをお得に買う方法　その②

次に、買付可能額を確認しましょう。買付可能額とは、あなたの口座に入っている金額のうち、そのETFを購入するのに使える金額のことです。楽天証券の場合、買い注文画面の上の方に買付可能額が表示されているのでチェックしてください。金額に余裕がなければ、入金する必要があります。そして、次に「円で買う」か「ドルで買う」かを選びます。基本的に円が口座に入っているなら円で、ドルが口座に入っているならドルで買いますが、円とドルの**為替差益**を利用してVTやVTIをもっとお得に買う方法もあります（下図参照）。最後に、注文内容を確認して注文ボタンを押せば一括購入の完了です。

決済方法を選んで買付可能額を確認

決済方法を選ぶ

「円で買う」または「ドルで買う」の2つから決済方法を選びます。基本的には口座に円がある人は円で、ドルがある人はドルを選ぶといいでしょう

買付可能額を確認

円で買うかドルで買うかを選ぶ前に、買い注文画面の右上に「円買付可能額」と「外貨買付可能額」が表示されているので、確認しましょう。あなたがその通貨でいくらETFを買うことができるのかがわかります

注文内容を確認し、買い注文を出す

すべての項目を入力・確認したら、取引暗証番号を入力して「注文内容を確認」のボタンを押します。すると、注文が出され、取引が成立します

米国ETFを買う際には、為替を利用したお得な買い方ができることがあります。例えば、円高の時にできるだけ円をドルに換えておいて、そのお金でVTやVTIを買うというものです。米国ETFを買う際には、ぜひ為替の相場も考慮に入れるようにしましょう。そうすれば、もっとお得に買うことができるかもしれません

Column

04

今更ですがNISAとiDeCo、どちらを使うべき？

本書では、新NISAの話がメインでしたので、これまで触れてきませんでしたが、NISAとよく比較される制度で「iDeCo（イデコ）」というものがあります。iDeCoとは、自分で拠出した掛け金を自分で運用して、原則60歳以降に受け取ることができる私的年金制度の１つで、個人型確定拠出年金のこと。掛け金の金額が所得控除になるので、所得税・住民税が減税される、運用益が非課税などの税優遇が大きいことで知られています。

iDeCoでは、自分の設定した掛け金額を拠出して積み立てていき、自分で選んだ金融商品（定期預金、保険商品、投資信託）で掛け金を運用して老後資金を形成します。積み立て期間は20～65歳で、掛け金は毎月5000円から。1000円単位で加入する年金制度で異なる上限の範囲で設定できます。掛け金の限度額は、一例を挙げると、自営業者などの第1号被保険者が月額68000円、会社員などの第２号被保険者は月額12000円～23000円です。

自分で掛け金を設定して積み立て、投資信託を買い、非課税運用ができると聞くと、新NISA制度とかなり似ていることがわかると思います。そこで、NISAとiDeCoでは、どちらを使うべきなのかよくわからないという人が多くいらっしゃるわけです。

iDeCoを使いにくいと思われるポイントは、引き出し可能となるのが60歳以降だということです。60歳になるまでは掛け金を積み立てることしかできません。iDeCoはどちらかといえば、「第２の年金」として老後資金の形成を重視しているため、引き出すことができる年齢を60歳と高く設定しているわけです。この点が、新NISAとは大きく異なる点です。

新NISAでは、積み立てたものを必要な時に必要な分売却できます。つまり、新NISAの方が「流動性」が高いということになります。また、積み立てられる金額の上限がiDeCoより大きいのも魅力です。

ですから、老後資金をしっかり確保したり、税優遇の恩恵をしっかり受けたいという場合は、iDeCoでの投資を優先してもいいでしょう。ただし、上述の通り、掛け金の上限額は決して多くありませんからiDeCoを利用してもさらに余裕があるという人は、新NISAも利用するといいでしょう。

60歳まで引き出しができないのは容認できないという人、もっと流動性の高い資産運用がしたいという人は、iDeCoはやめて新NISAでの積み立て投資をしてください。

新NISAかiDeCoかを決める際には、①60歳以降の引き出しになっても構わないか、②自分の上限金額で目標とする資産ができるのか、という２点を考慮して、iDeCoの節税メリットと天秤にかけて検討するといいでしょう。

Chapter 6

新NISAの悩みQ&A

ここまで新NISAについて学んできたあなたに
よくある新NISAの悩みを紹介します。
最後に悩みを全部払拭して新NISAに取り組みましょう。

01 年代別の戦略はありますか？

投資できる期間の長さや投資できる資金量が異なるので、年代によって投資戦略はさまざまに変わってきます。

新NISAでこれから投資を始めるにあたって気をつけるべきことは、「年齢」と「**資産形成**できる残り時間」と「貯金額」です。ここでは、年齢別の投資戦略について見ていきましょう。まず、20代の若い世代は、収入は高くない、貯金はあまりないとしても投資期間が長いという特徴があります。そのため、貯金がない人は、貯金をしながら少額からでも投資を始め、併走させましょう。貯金が月収の7.5カ月分（生活防衛資金）がすでにある人は、貯金に回せるお金は全額投資に回してもいいでしょう。

新NISAを始める際に気をつけるべきポイント

年齢

資産形成ができる残り時間

貯金額

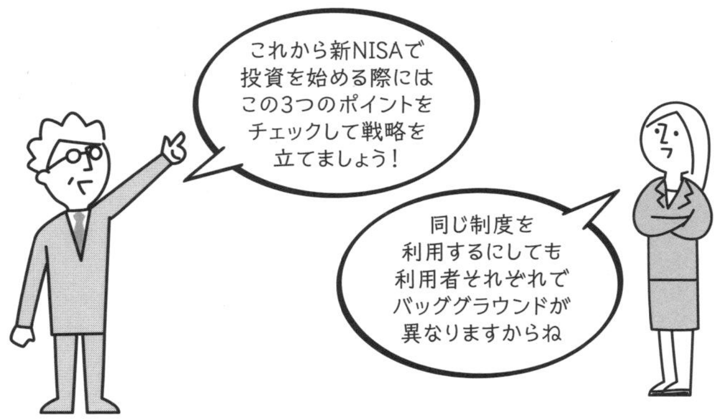

30〜40代は、家の購入や教育費が重なり、現金が必要になるケースも多いと思います。生活防衛資金の他、10年未満のうちに必要になりそうなお金が貯まっていない人は貯金を優先させましょう。そして、貯金するお金の一部を回して投資を続けましょう。さらに年齢が上がっていったら、貯金が少ない場合は貯金を優先したいですが、一方で、20代や30代と比べると投資期間が短くなります。のんびりしている時間はないので、投資の割合を多めに、資金に余裕があるなら、ETF（上場投資信託）の一括購入などで、ある程度のリスクを積極的にとってもいいでしょう。

KEY WORD → 特定口座（源泉徴収なし）

02 セットで作る課税口座は何を選んだらいいですか？

NISA口座は単独で開設することはできません。課税口座もセットで開設することになりますので、課税口座の種類を選ぶ必要があります。

新NISAで口座を開設する場合は、NISA口座だけを作ることはできません。NISA口座は、金融機関の（証券）総合口座の中に作るイメージです。証券会社では、証券総合口座（総合取引口座）の中で、「特定口座（源泉徴収あり・なし）」や「一般口座」が作れ、これらと並ぶように「NISA口座」が作れます。銀行では、総合口座の中で、「普通預金口座」や「定期預金口座」が作れ、さらに「投資信託口座」を作って、その中で「NISA口座」を開設します。

NISA口座を作ると課税口座もセットで作ることになる

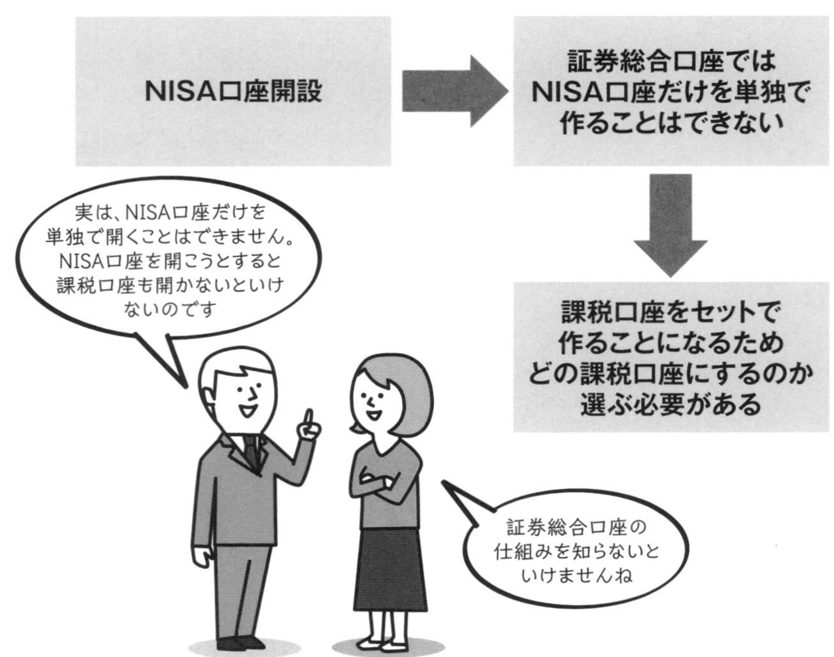

NISA口座以外は、課税口座となります。前述しましたが、投資をする口座には「特定口座（源泉徴収あり）」「**特定口座（源泉徴収なし）**」「一般口座」の３つの種類があり（銀行の投資信託口座も同じ）、一般的には特定口座（源泉徴収あり）がおすすめされると思います。それ以外では、自分で確定申告のための手続きをしなければならなくなるからです。ただ、私は新NISAでの投資がメインであり、課税口座をほとんど利用しない人であれば、「特定口座（源泉徴収なし）」をおすすめします。

どの課税口座を作るべきか？

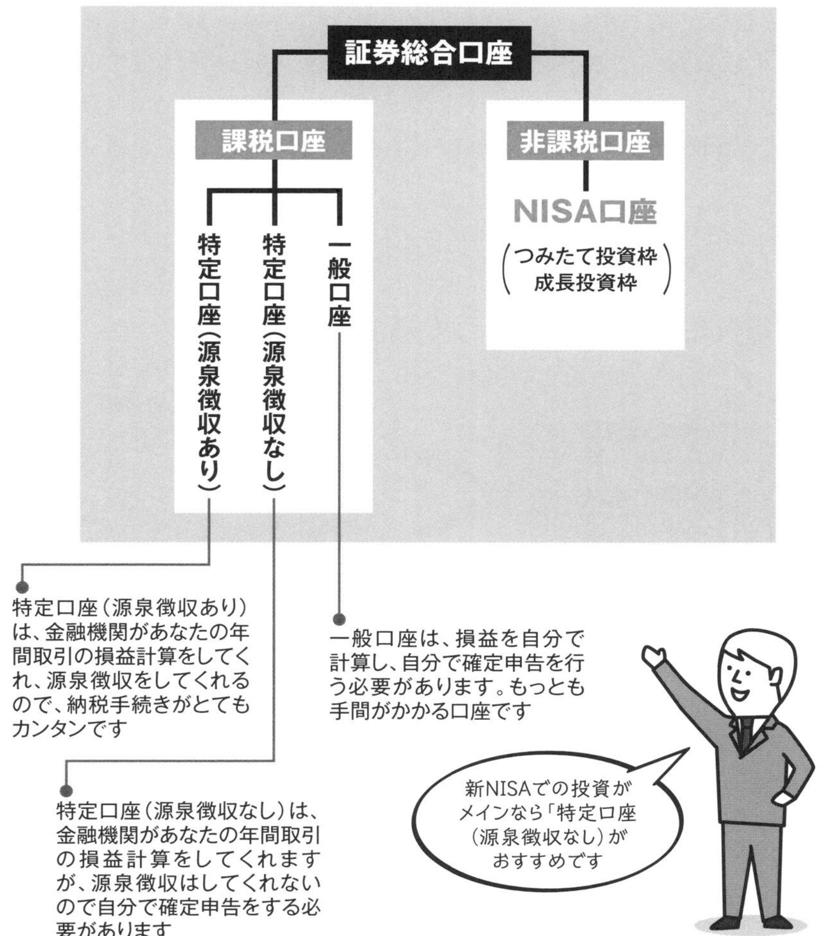

03 2023年までのNISAは売るべき?

現行NISAと新NISAでは、**ハコ**が復活するかしないかの大きな違いがあります。現行NISAの資産は大事に取っておくのがいいでしょう。

2024年から新NISAの制度が始まりますが、2014年から続いてきた現行NISA制度をすでに利用しているという人もおられるでしょう。その多くは、「これまでのNISAで買った金融商品は、新NISAに移行するにあたってどうしたらいいのか?」と疑問に思っているかもしれません。2023年までに売ったらいいのか、それとも新NISAに移行しても持っていていいのか。その疑問にお答えします。まず、現行NISAの非課税期間が終了した後、それを新NISA口座に**ロールオーバー**(移管)することはできません。

現行NISAの資産は新NISA口座へロールオーバー不可

つまり、2023年末までに開設したNISA口座で持っている金融商品は、非課税期間中に売却するか、非課税期間終了後に課税口座に移すか選択をしなければなりません。例えば、投資信託など、今後も成長していく商品を保有している場合は、長期で運用した方が複利の効果で利益が増えていくため、課税口座に移して運用を継続した方がいいでしょう。一方、個別株などの商品を保有している場合に関しては、さまざまな状況を考慮して、保有を継続するかしないかを検討する必要があります。ただ、私の考えとしては、これまで保有してきた商品を新NISA口座の投資の原資にするために手放すことは不要だと思っています。現行NISAの商品は自分なりに理想的なタイミングで売却するのがいいでしょう。そして、新NISAの原資は、日々の家計から捻出してスタートさせましょう。

売却するか、課税口座に移すかの判断基準は?

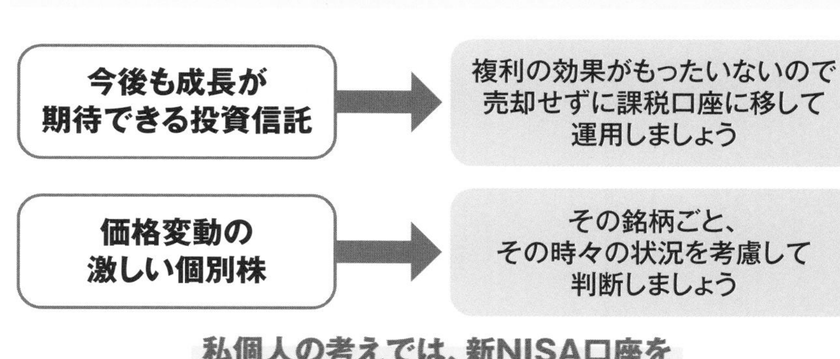

私個人の考えでは、新NISA口座を開設することだけを理由に現行NISAの口座にある金融資産をすべて売却するのは不要だと思います

04 長く保有し続けるコツはありますか？

初心者ほど慌てたり焦ったりして、価格の変動に一喜一憂するもの。短絡的な判断を避けるためにはほったらかしがベストです。

これから投資を始める初心者のほとんどの人は、一度買った金融商品を長く保有し続けることの難しさを知ることになると思います。運用を長い期間続ければ、それだけ複利の恩恵を受けられるということは頭ではわかっていても、投資信託の基準価額が下がったり、運用益が減ったりすると、そのことで不安になって「今、手放した方がいいかも？」と焦って売ったりしてしまうものです。それと同様に、ちょっと値上がりすると「今のうちに利益確定を」と慌てて売ったりすることもあります。

なぜ長く保有し続けられないのか？

ちょっと上がると利益を確定したくなる

ちょっと上がっただけで投資信託を売ってしまっては、目先の利益は手に入っても「複利」の恩恵は受けられません

ちょっと下がると損切りしたくなる

ちょっと下がっただけで投資信託を売ってしまっては、一時的に安心できたとしても後々考えると大きな利益になる元本を手放したことになります

投資信託などの金融商品を
長く持ち続けることができない理由は
上がったり下がったりするたびに一喜一憂して
衝動的に行動してしまうからです

初心者ほど金融商品の価格が上がったり下がったりした時に、心理的に動揺してしまい、短絡的な判断を下してしまうのです。積み立て投資は、その成果が目に見えるまで数年の時間が必要です。ですから、投資を始めて3～5年くらいは、評価額が下がって不安になったり、思うように増えなくてつまらなく思うでしょうが、「そんなもんだ」と思ってひたすら放っておきましょう。**ほったらかし**が一番なのです。

長く保有するコツは「ほったらかし」

6 新NISAの悩みQ&A

投資信託を途中で変更することはできますか？

一度買った投資信託を直接的に別の投資信託に変更することは不可能ですが、別の投資信託に乗り換える方法はあります。

投資を続けていくと、ある投資信託をいったん購入したものの、やっぱり別の投資信託にすればよかった……と後悔することもあると思います。そういった場合、積み立て購入している投資信託を別の投資信託に換えることはできるのでしょうか。もちろんできます。投資信託を変更したい場合には、積み立て購入している投資信託の「積み立て設定」を解除し、新たに買いたい投資信託の積み立て購入を設定することになります。

NISA口座で保有している投資信託を変更する場合

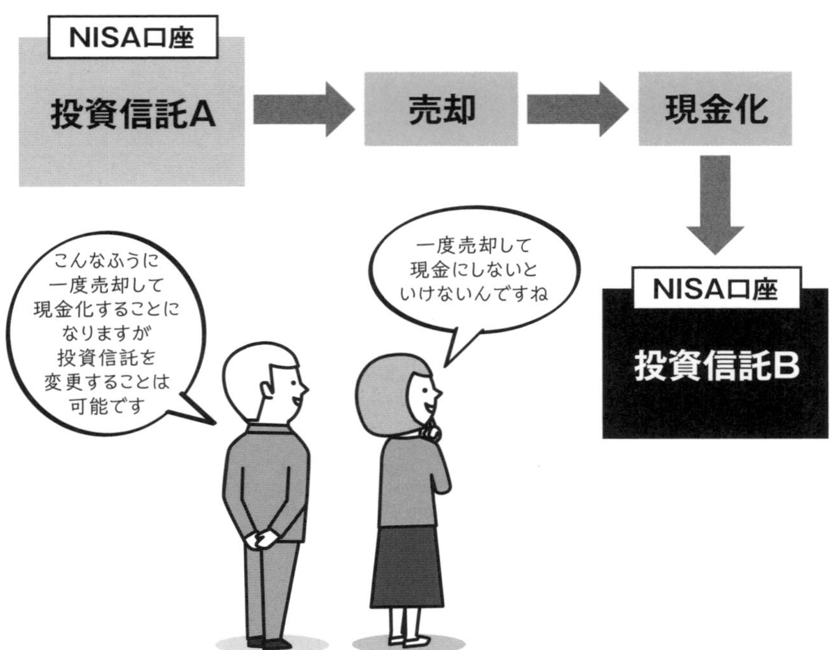

すでに購入した投資信託に関しては、**売却**して現金化し、別の投資信託を買い直すという方法もとれますが、NISAの場合はその分、その年の非課税枠を減らすことになります。もちろん、すでに購入した投資信託は保有し続けて、別の投資信託を買うこともできます。これまで積み立ててきた投資信託Aを解約するのはもったいないと思うなら、Aに対する積み立てを中止して、投資信託Bを新たに購入して積み立てを開始すればいいのです。そうすることで、Aへの積み立てはそれ以上増えませんが、Bに対して積み立てを行うことができます。これは、投資信託の変更の変則的な形といえるでしょう。どちらかの方法で投資信託を変更してください。

積み立て購入している投資信託の変更も可能

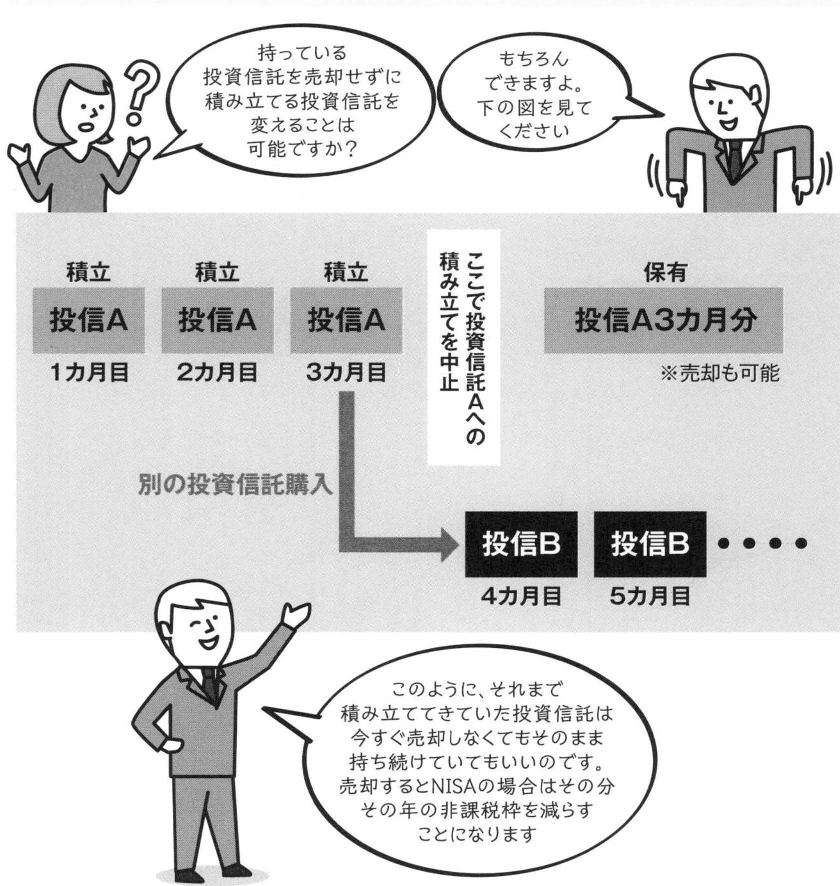

06 つみたて投資枠では、自由に投資信託を買えますか？

つみたて投資枠はその名の通り積み立てて購入するための枠。好きな時に好きなだけ投資信託を買うことはできません。

新NISAのつみたて投資枠の投資には、重要なルールが設けられています。それは、「積み立てる方法での購入しかできない」ということ。つみたて投資枠で、一括購入のようなことはできません。**年2回以上**積み立てるなど、下図に記したような積み立てて購入するためのルールを守らなければならないのです。好きな時に、好きなだけ投資信託を買いたい場合は、成長投資枠の一括購入を利用するしかありません。毎月一定額を積み立てていく買い方を守りましょう。

つみたて投資枠は「積み立て」のもの

つみたて投資枠では……

- 自分の好きなタイミングで投資信託を買うことはできない
- 年間の非課税投資枠の範囲で定期的に継続して買う必要がある
- 少なくとも年2回以上、積み立てる必要がある

自分の好きな金融商品を好きなタイミングで買いたい場合は、成長投資枠を利用しましょう。つみたて投資枠は、毎月一定額を積み立てて買うのが基本の投資方法になります

成長投資枠だけ利用することはできますか？

成長投資枠だけを使うことはできますが、それでは投資の上限額が1200万円になってしまいます。

本書ではおすすめしませんが、新NISAでは成長投資枠だけを利用することも可能です。もちろん、その逆につみたて投資枠だけを利用することもできます。前者の場合は上限が**1200万円**、後者は上限が1800万円ですから、つみたて投資枠を利用した方が多くの資金を投資に使えます。あくまでも成長投資枠は、つみたて投資枠以外にETF（上場投資信託）などを一括購入したいという場合にのみ使うというルールを適用した方がいいと思います。つみたて投資枠を使わないのはもったいないからです。

成長投資枠だけを利用する場合、 上限は1200万円

もし、個別銘柄だけを買いたい、海外ETFやつみたて投資枠の対象外の商品だけを買いたいという場合には、成長投資枠だけを利用することは可能で積み立て投資もできます。ですが、新NISA口座の生涯投資枠の上限は1800万円であるのに対し、成長投資枠だけの上限は1200万円になります

新NISA口座の生涯投資枠について

新NISA
口座全体の生涯投資枠は
1800万円

成長投資枠の上限は
1200万円

買った商品を売却した時に復活する枠はいつの金額？

新NISA口座で購入した金融商品を売却すると、購入した金額分の非課税枠が翌年に復活することになります。

新NISAの口座で購入した投資信託やETFを売却すると、翌年に非課税枠が復活しますが、その時に復活するのは「**簿価**」です。簿価とは、購入時の価格のことで、それに対して現在の価格のことを「時価」と呼びます。100万円で購入したETFが、現在120万円にまで値上がりしていても、売却して復活するのは100万円の非課税枠のみということになります。逆に価格が購入時よりも下回って70万円くらいになっていたとしても、復活するのは簿価の100万円ということです。

新NISA口座で買った金融商品を売却すると……？

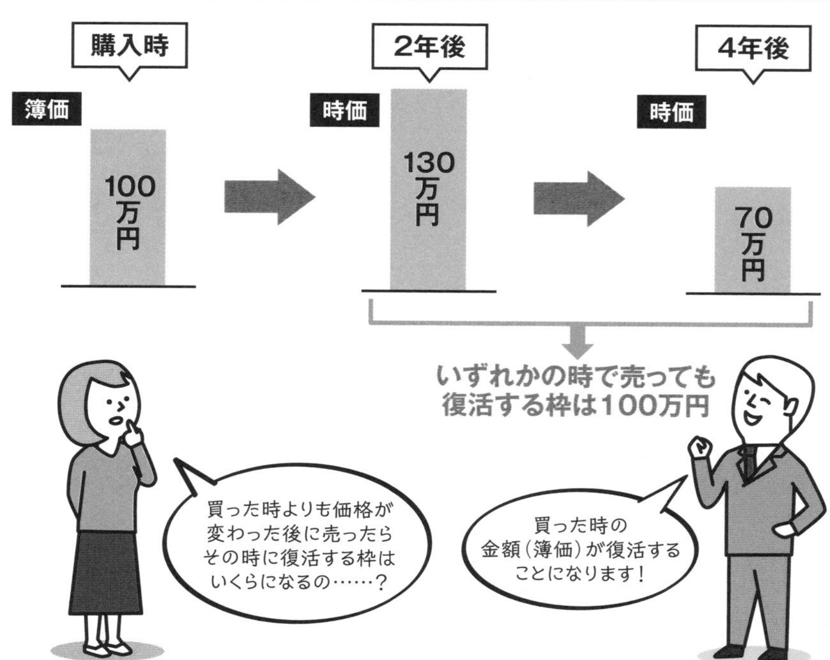

09 最後に、出口戦略について教えてください！

投資のやめ方を出口戦略といいますが、寿命、健康状態、年金額などがそれぞれ違うので、出口戦略も一概にこれがいいとはいえません。

これからずっと投資を続けていくと、あなたはどこかの時点で投資をやめることになります。どのように投資をやめるのか？　という戦略を「出口戦略」といいます。この出口戦略は預貯金やその他資産、年金額などによって異なりますが、基本的には投資資産の４％を目安に**切り崩し**ていくというスタイルがポピュラーです。ただし、状況によってはそれでは多いという場合、少ないという場合もあるので、下に記したように資産寿命を計算して、それぞれで適切なやめ方を考えてください。

投資はどのようにやめればいいのか？

投資の「出口戦略」は人それぞれです。一般的には資産の4%ずつを切り崩していくという方法がありますが、それぞれの人の「年金額」「貯蓄額」「定年後も働くのか」などによって変わってきます

【資産寿命を計算しよう】

「切り崩し」「シミュレーション」などの言葉で検索すると、いろいろな証券会社が資産寿命を計算できるサイトを紹介しています。そこに、ご自身の資産運用額、年齢などを入力すれば、何歳までに運用額を使い切ることになるかがわかるようになっています

用語索引

用語索引

参考文献

『はじめての人のための3000円投資生活　新NISA対応版』横山光昭／アスコム

『大改正でどう変わる？　新NISA　徹底活用術』竹川美奈子／日経BP 日本経済新聞出版

『【図解】新NISA　投資初心者でもよくわかる！ 2024年 税制改正対応版』
浅見陽輔　Kindle本

『創刊38年の老舗投資情報誌日経マネーと金融・保険商品を一切売らない正直FPが考え抜いた！ 迷わない新NISA投資術』
菱田雅生・大口克人／日経BP

『はじめてのNISA　知識ゼロからの始め方・選び方』野原亮・伊藤亮太／standards

参照サイト

楽天証券
https://www.rakuten-sec.co.jp

SBI証券
https://www.sbisec.co.jp/ETGate

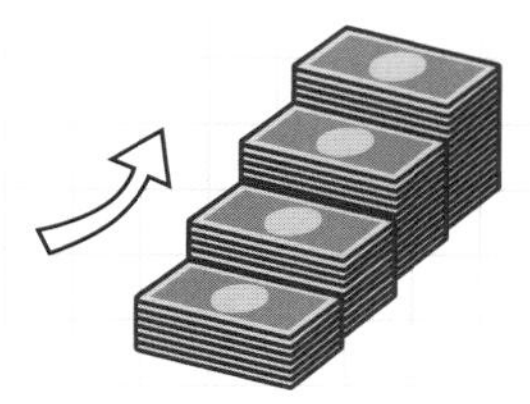

STAFF

編集協力　渡邉亨（株式会社ファミリーマガジン）
執筆協力　苅部祐彦
本文イラスト　桜井葉子、熊アート、大塩妃芙子
カバーデザイン　別府拓（Q.design）
カバーイラスト　別府拓（Q.design）
本文デザイン・DTP　松原卓、西川太郎（ドットテトラ）

監修 **横山光昭**（よこやま みつあき）

家計再生コンサルタント、株式会社マイエフピー代表。
2001年から家計専門に活動。支出を「消・浪・投®」に分ける「家計の三分法」を用いた独自の家計管理と、誰でもできる「ほったらかし投資」を両輪に、相談者に豊かな今と老後の生活を手に入れてもらうことを目指している。家計相談はこれまでに2万6000件を超え、机上ではなく“現場”にこだわるファイナンシャルプランナーとして活動。家では6人の子の父であり、「家族マネー会議」による金銭教育も知られている。TV、雑誌への協力、講演など多数。著書は、シリーズ累計95万部を超える『はじめての人のための3000円投資生活』や『年収200万円からの貯金生活宣言』を代表作とし、著書・監修書は計174冊で累計390万部を超える（2023年11月現在）。

頭のいい投資のコツが2時間でわかる!
はじめての新NISA 見るだけノート

2023年12月22日　第1刷発行

監　修　　横山光昭

発行人　　蓮見清一
発行所　　株式会社 宝島社
〒102-8388
東京都千代田区一番町25番地
電話　編集:03-3239-0928
　　　営業:03-3234-4621
https://tkj.jp

印刷・製本　サンケイ総合印刷株式会社

ISBN978-4-299-04865-3